सपनों का बचपन

'रंगमंच'

बाल संस्कार के 50 रंगमंचीय नाटक

मो. असलम ख़ान

वाणी प्रकाशन

वाणी प्रकाशन
4695, 21-ए, दरियागंज, नयी दिल्ली 110 002
फ़ोन : +91 11 23273167 फ़ैक्स : +91 11 23275710

शाखाएँ
अशोक राजपथ, पटना 800 004, बिहार
कॉफ़ी हाउस कैम्पस, महात्मा गाँधी मार्ग, इलाहाबाद 211 001, उत्तर प्रदेश
महात्मा गाँधी अन्तरराष्ट्रीय हिन्दी विश्वविद्यालय, वर्धा 442 001, महाराष्ट्र

www.vaniprakashan.com
marketing@vaniprakashan.in
sales@vaniprakashan.in

Sapnon ka Bachpan : 'Rangmanch'
by Mohd. Asalam Khan
ISBN : 978-93-5518-278-4
Play

प्रथम संस्करण 2022

मूल्य : ₹ 595

आर. टेक ऑफ़सेट प्रिंटर्स, दिल्ली-110032 में मुद्रित

वाणी प्रकाशन का लोगो मक़बूल फ़िदा हुसेन की कूची से

केन्द्रीय विद्यालय लखनऊ की संगीत
अध्यापिका एच. भट्टाचार्य 'मैम' को समर्पित

विषय सूची

1

सिकन्दर महान

दृश्य–2

(सम्राट पोरु के राजमहल का दृश्य जहाँ आक्रमणकारी सिकन्दर की सेना का राजदूत सिकन्दर का फ़रमान लेकर आया है।)

सिपाही : सम्राट की जय हो! यूनान के आक्रमणकारी सिकन्दर महान का राजदूत दरबार में सम्राट के समक्ष भेंट के लिए मौजूद है।

राजदूत : महाराजा पोरु आपको हमारे सम्राट का सलाम।
(एक हाथ उठाकर)

पोरु : आपके सम्राट ने पिछले कई सालों में बड़ी फ़तह हासिल कर पंजाब के झेलम तक पहुँचने तक न जाने कितनी बस्तियाँ उजाड़ दीं, बेकसूरों का लहू पवित्र नदियों में मिला दिया। अब हमसे क्या चाहते हो?

राजदूत : सिकन्दर महान की इच्छा है कि राजा आम्भी की तरह आप भी यूनान के सिकन्दर महान की सेना के आगे हथियार डाल दें।

पोरु : हम सिकन्दर की सेना को शिकस्त देंगे।

(गुस्से में राजदूत तलवार की मूठ पर हाथ रख देता है)

राजदूत : जूपिटर की क़सम, सिकन्दर पूरे विश्व को जीतने निकला है। याद रहे झेलम और चिनाब की नदियों से, तुम्हारी सेना का लहू जब बहेगा तब तुम्हें अपनी प्रजा को जवाब देना होगा।

पोरु : रात के अँधेरे में तुम्हारी सेना झेलम नदी पार कर रही है। राजदूत हमें इतना नासमझ मत समझो। यह मेरा दरबार और हमारी सेना है। राजदूत के भेष में तुम ही सिकन्दर हो।

(दरबार में शोर, सिकन्दर मुस्कुराता है। पोरु अपने बेटे को बुलाकर युद्ध की तैयारी करने के लिए कहता है)

अगर मैं कहूँ कि तुम्हारी इस भूल के लिए तुम्हारे प्राण ले लूँ तो यह अपराध न होगा।

सिकन्दर : मैं जानता हूँ तुम ये भूल कतई नहीं करोगे। एक राजदूत को मार कर विश्व को क्या मुँह दिखाओगे?

पोरु : चाहूँ तो तुम्हारे टुकड़े–टुकड़े कर चील–कौओं को खिला दूँ लेकिन नहीं, ये काम हम युद्ध में करेंगे।

दृश्य–2

(घमासान युद्ध, सम्राट पोरु को बन्दी बनाकर सिकन्दर के सामने प्रस्तुत किया जाता है।)

सिकन्दर : पोरु, हमारी बेहतरीन फ़ौज के आगे आपकी सेना की शिकस्त हो गयी। हमने आपके पूरे राज्य पर क़ब्ज़ा कर लिया है।

पोरु : सम्राट सिकन्दर आपने छल से काम लिया और युद्ध विराम के बाद भी हमारी सेना पर आक्रमण जारी करके परास्त किया है। मैं फिर पूछता हूँ कि यूनान से झेलम नदी तक का सफ़र लाखों माँओं की गोद सूनी करके आपको क्या हासिल हुआ। पिछले सालों में आपको एक रात भी चैन की नींद नहीं आयी होगी।

सिकन्दर : अब आपके साथ कैसा सुलूक किया जाये।

पोरु : मेरे साथ वो सुलूक किया जाय जो एक राजा दूसरे राजा के साथ करता है।

सिकन्दर : पोरु आपके जवाब से हमें बहुत ख़ुशी हुई। हम आपको बन्दी नहीं अपना दोस्त बनाते हैं। यूनान की भाषा में आपका नाम पोरु कहा जायेगा। हम आपकी जीती हुई सम्पत्ति आपको वापस करते हैं और आपने मेरी जो आँखें खोली हैं तो सिकन्दर और उसकी सेना यहीं से यूनान वापस लौट जायेगी। एक बात और सिकन्दर ने आज तक कभी किसी को सलाम नहीं किया।

(खड़े होकर दोनों पैर जोड़कर और हाथ उठाकर सलाम करते हुए)

(सिकन्दर–पोरु ज़िन्दाबाद) निकाटोर (Nicator) (ज़िन्दाबाद)

2

अकबर

दरबान : हिन्दुस्तान के अजीमुश्शान शहंशाह दरबारे–आम में तशरीफ़ ला रहे हैं।

(अकबर की एक झलक देखने के लिए दीवाने–आम में लोगों की भीड़ लगी हुई है। ऐसे में बादशाह अकबर का प्रवेश)

सिपाही : हुजूर आपकी एक झलक देखने के लिए हिन्दू–मुसलमान और ईसाई अपनी बारी का इन्तजार कर रहे हैं।

अकबर : मेरे मुल्क के साथियो, मैं यह बता देना चाहता हूँ कि मैं राणा वीर साल के यहाँ अमर कोट में जन्मा हूँ। इस बादशाह की कुर्सी पर मैं बैठा हूँ। मैं हिन्दुस्तान में ही पैदा हुआ। दादा बाबर, पिता हुमायूँ और माता हमीदा बानो थीं।

बीरबल : महान बादशाह तैमूर नस्ल के तीसरे शासक हैं।

अकबर : अब मैं अपनी अवाम से यह सुनना चाहता हूँ कि इस वक़्त पूरे हिन्दुस्तान में जहाँ हमारी हुकूमत है आप लोगों की परेशानियाँ क्या हैं?

व्यक्ति–1 : हम तो अवध प्रान्त से आये हैं। लकड़ियों का कारख़ाना है हमारा। मैं जो कहना चाहता हूँ इसका

साहस आप ही ने दिया है। बादशाह सलामत क्या आप यह जानते हैं कि मुग़लों के पहले जो बादशाह थे वो हमसे हिन्दू होने का टैक्स यानी जज़िया कर लिया जाता है।

मानसिंह : *(अकबर के इशारा करने पर)* जिल्ले–इलाही कुतुबुद्दीन ऐबक बादशाह थे, उन्होंने ही जज़िया कर लगाया था।

अकबर : मुझे बेहद अफ़सोस है कि पूरी दुनिया में कहीं ऐसा क़ानून नहीं है। मैं इसे ख़त्म करता हूँ। राजा मानसिंह आज ही एक फ़रमान जारी किया जाय, जिस पर मुग़लिया हुकूमत की मोहर लगी हो। अच्छा, राजा टोडरमल ये बतायें कि दिल्ली से आगरा आते वक़्त जब हमने वहाँ थोड़ी देर के लिए मथुरा में आराम किया, उस वक़्त हमारा एक सैनिक रकम क्यों गिन रहा था?

राजा टोडरमल : हुजूर वह नज़ारा देखकर मैं समझ गया था लेकिन आपके लिए वो नयी बात थी।

अकबर : राजा टोडरमल खुलासे में बतायें।

राजा टोडरमल : ये एक पुराना शाही फ़रमान है कि जो हिन्दू को तीर्थयात्रा कर देना होगा।

(अकबर को क्रोध आ जाता है)

अकबर : ये कर आप लोगों ने दिया ही क्यों? ख़ैर मैं एक और फ़रमान पर हुक्म जारी करता हूँ कि आज की तारीख़ से इस तरह के कर नहीं लिए जायेंगे।

अबुल फ़ज़ल : आज अगर हिन्दुस्तान की तारीख़ बदल रही है तो जिल्ले–इलाही एक काम और कर दें।

आज तक क़ैद में जो मुलजिम हैं उन्हें इस्लाम कुबूल करने के लिए मजबूर न किया जाय।

अकबर : बेशक–बेशक, इसे ख़त्म ही करना होगा क्योंकि आप जानते हैं कि हमारे दिल में अपने हिन्दू भाइयों के लिए बहुत बड़ी जगह है।

मानसिंह : जज़िया कर, तीरथ कर और क़ैदियों को जबरन इस्लाम कुबूल न करने का जो फ़रमान है आप लोग समझ लीजिए इसी बात के लिए दुनिया इन्हें अकबर महान कहेगी।

(अकबर ज़िन्दाबाद)

व्यक्ति–2 : अकबर ज़िन्दाबाद, आप सेहतमन्द रहें और जीवनभर कोई तकलीफ़ न हो।

फादर पिंटो : *(ईसाई मशीनरी)* हम फरियादी हैं ब्रिटिश मिशनरी ग्रेट अकबर से मिलना चाहते हैं।

(पादरी लोग ईसाई वस्त्र पहने हुए हैं)

सर, आय एम सरप्राइज़ टु सी यू।

अकबर : आपको कितनी मुश्किलों में सफ़र पूरा करना पड़ा होगा।

फादर पिंटो : ग्रेट अकबर आपका हुकूमत करने का तरीक़ा छोटे राजाओं से सुलह या युद्ध, आज हमारी ब्रिटिश करेंसी आपकी करेंसी से लोअर है और आप की जीडीपी 25 प्रतिशत।

अकबर : शुक्रिया...आप आने का मक़सद भी बताइये।

फादर पिंटो : हम एक ईसाई मिशनरी हैं, धर्म का विस्तार करते हैं। हम मॉडर्न, एजुकेशन और मेडिकल हेल्थ यानी अस्पताल बनाते हैं।

अबुल फ़ज़ल: आपका मक़सद हम जानते हैं अपना धर्म बढ़ाना।

फादर पिंटो : हम अस्पताल बनायेगा, एजुकेशन के लिए स्कूल और कॉलेज बनायेगा, अगर आप इजाज़त दें तो 'प्रे' के वास्ते चर्च भी।

अकबर : अबुल फ़ज़ल इनका मतलब समझिये, तालीम और मदरसे में हम बहुत पीछे हैं। इनके आने से हमें फ़ायदा ही होगा। आगरा से दिल्ली और लाहौर तक स्कूल, अस्पताल, चर्च बनाने की मैं इजाज़त देता हूँ। तखलिया...

3

राजा राममोहन राय

दृश्य–1

केशव : राममोहन तुम एक खुली किताब की तरह हो लेकिन आज वो घटना भी बता दो जिसने तुम्हें सती प्रथा के विरोध में खड़ा कर दिया।

राममोहन : केशव मैं 14 वर्ष की आयु में था तभी मेरे बड़े भाई का देहान्त हो गया। तब मेरी भाभी का महिलाओं द्वारा सोलह श्रृंगार किया जा रहा था। मेरे विरोध करने पर भाभी फूट–फूटकर रोने लगीं कि मुझे ससुर जी मेरी इच्छा के विरुद्ध ज़बरदस्ती मेरे पति के साथ चिता में सती करना चाहते हैं। मेरे विरोध पर पिताजी ने डाँटकर अलग कर दिया। मुझे इस बात की तकलीफ़ थी कि एक जीवित महिला ज़बरदस्ती सती होने पर कितना चीख़ेगी–चिल्लायेगी?

केशव : तो क्या वो चीख़ी–चिल्लाईं?

राममोहन : कायर प्रथा का अन्तिम रूप देखना बाक़ी था। उनकी चीख़ मुझे इसलिए नहीं सुनाई पड़ी क्योंकि ढोल मंजीरे के शोर में यह चीख़ और पीड़ा दब गयी।

केशव : इस तरह तुम अपना हुगली का गाँव और परिवार को छोड़कर कलकत्ता आ गये।

(देवेन्द्रनाथ का प्रवेश)

देवेन्द्रनाथ : आज कलकत्ता ही नहीं पूरे बंगाल में ब्रह्म समाज में वेदों और उपनिषदों के अध्ययन में एक ही ईश्वर के सिद्धान्त पर तीरर्थयात्रा, मूर्तिपूजा, कर्मकाण्डों की आलोचना की गयी है।

केशव : इसके अलावा बहुविवाह, बालविवाह, सतीप्रथा आदि वेदों के विरुद्ध अमान्य माना गया है।

देवेन्द्रनाथ : राममोहन तुम्हारे विचारों पर समाज सहमति की तरफ़ बढ़ रहा है। तुम्हारी दिल्ली और लन्दन जाने की योजना का क्या हुआ?

केशव : अकबर–द्वितीय तो स्वयं अपने अधिकारों से वंचित हैं।

राममोहन : आज से ठीक 10 दिन बाद मुझे दिल्ली दरबार पहुँचने का निमन्त्रण मिल गया है।

देवेन्द्रनाथ : देखो राममोहन सतीप्रथा के विरुद्ध अकबर–द्वितीय कोई फ़रमान नहीं जारी कर सकते।

केशव : मैंने कहीं पढ़ा था कि इस सती की क्रूर प्रथा का विषय अकबर महान के दरबार में भी उठा था। लेकिन तब अकबर के नवरत्नों में राजपूत राजाओं का अस्तित्व था। अकबर के चाहने के बावजूद भी सतीप्रथा पर प्रतिबन्ध नहीं लगा।

राममोहन : इस बात को गुज़रे दो सदियाँ हो गयीं। अकबर–द्वितीय मेरी लिखी किताबों को पढ़ते हैं और ब्रह्म समाज का समर्थन करते हैं। मैं अपने प्रशंसक के बुलाने पर दिल्ली दरबार अवश्य जाऊँगा।

दृश्य–2

(राममोहन गले में फूल मालायें पहने हैं। केशव और देवेन्द्रनाथ गले लगा लेते हैं।)

देवेन्द्रनाथ : लगता है दिल्ली का क़िस्सा दिन भर सुनने को मिलेगा।

राममोहन : अकबर–द्वितीय के हालात जो बताये जाते हैं उससे भी बदतर हैं। न वो सिंहासन न वो राजपाट, अंग्रेज़ी हुकूमत की कठपुतली हैं।

केशव : फिर तुमने सतीप्रथा की बात चलाई?

राममोहन : हाँ मैंने सतीप्रथा पर प्रतिबन्ध लगाने का अनुरोध किया। अकबर–द्वितीय ने सोच–विचार कर दो बातें कहीं कि राममोहन तुम्हारी सोच हिन्दुस्तान और महिलाओं पर लिखी तुम्हारी पुस्तकों ने उन्हें अपना हक दिलाया है, जिसके लिए मैं तुम्हें राजा की उपाधि देता हूँ। उन्होंने यह भी कहा कि सतीप्रथा के विरुद्ध प्रस्ताव तुम लन्दन लेकर जाओ और वहाँ प्रिवी काउंसिल में इसका प्रस्ताव रखो, मैं तुम्हें लन्दन आने–जाने के लिए पानी के जहाज़ का किराया दे देता हूँ। लेकिन तुम्हें मेरा भी एक काम करना होगा। प्रिवी काउंसिल से कहना हमारे राष्ट्रीय अध्यक्ष का वजीफ़ा बढ़ा दें।

देवेन्द्रनाथ : तो आगे क्या योजना बनाई है?

राममोहन : जो पानी के जहाज़ का लन्दन आने–जाने का खर्चा मिला है हम तीनों कुछ और रुपये मिलाकर लन्दन पहुँचेंगे। वापस आने की योजना ऊपर वाले के हाथ में है।

दृश्य–3

केशव : हम दूर से जिसे स्वागत करने वालों का हुजूम समझ रहे थे वो तो हमारे विरोधी निकले।

एक अंग्रेज़ : ये हिन्दू ब्राह्मण हमारे लन्दन में क्यों आया है। ये अपने अख़बार में ईसाइयों के ख़िलाफ़ लिखता है।

(बाहर नारेबाजी हो रही है।)

देवेन्द्रनाथ : हम तो एक ही राजा की प्रजा हैं हमें कैसे रोका जा सकता है?

(जहाज़ से उतरकर तीनों लिवरपुल में एक महिला मित्र के घर पर रुके जो कभी कलकत्ता के बड़े अंग्रेज़ अधिकारी की पत्नी थीं। उन्होंने न केवल उनके ठहरने का बल्कि प्रिवी काउंसिल में प्रस्ताव रखने के लिए ख़ुद जाकर दिन और समय लिया। राममोहन एनी साइमन के आभारी रहे। राममोहन ने 1829 में प्रिवी काउंसिल में अपना प्रस्ताव रखा।)

राममोहन : मी–लॉर्ड मैंने अपना प्रस्ताव विचार के लिए समय पर रख दिया था। अपने प्रस्ताव के पक्ष में यानी सतीप्रथा के विरुद्ध आप श्रीमान् से जानना चाहता हूँ कि एक साम्राज्य में दो तरह का क़ानून स्त्रियों के ख़िलाफ़ कैसे हो सकता है। मुझे पूरी आशा है आपसे जो हमारे हिन्दुस्तान में भी गवर्नर जनरल ऑफ़ इंडिया के पद पर शोभित होने जा रहे हैं। स्त्रियों पर दोहरा क़ानून रद्द करो।

लॉर्ड विलियम : राममोहन ब्रह्म समाज के लिए तुम्हारी लिखी पुस्तकें और लिटरेचर मैंने पढ़ा है। जब आप इतनी अच्छी इंगलिश जानते हैं तो इंगलिश में क्यों नहीं बोल रहे हैं।

राममोहन : सर मैं जानता तो 8 लैंग्वेज हूँ लेकिन हिन्दी मेरी मातृभाषा है।

लॉर्ड विलियम : ओ.के. विचार–विमर्श समाप्त हुआ। मैं आज 4 दिसम्बर, 1829 को हमारी प्रिवी काउंसिल राममोहन के विचारों से पूर्णतया सहमत होने के कारण सतीप्रथा आज से ब्रिटिश एम्पायर में रद्द की जाती है। ज़बरन इस प्रथा को चलाने वालों पर दण्डात्मक कार्यवाही होगी।

(राजा राममोहन राय के पूर्ण जीवन में बनाये 16 अधिनियमों को भारत के संविधान ने जगह दी)

(लम्बी बीमारी के कारण समाज सुधारक और नये भारत का प्रतिनिधित्व करने वाले राजा राममोहन राय का देहान्त एनी साइमन के घर पर हुआ था। विकासशील अंग्रेज़ राममोहन से इतने प्रभावित थे कि ब्रिस्टल में चौराहे के बीच राजा राममोहन राय की मूर्ति आज भी वहाँ विद्यमान है)

4

जलियाँवाला बाग़

(अप्रैल 13, 1919)

दृश्य–1

(भोर का समय जलियाँवाला बाग़ में कुछ लोगों का प्रवेश, आपस में वार्तालाप करते हुए)

सुलखान : अरे ओ सुच्चा सुन भई एक गल सुन आज हम बैसाखी का त्यौहार शान्तिपूर्ण प्रदर्शन द्वारा अंग्रेज़ों के नये क़ानून रोलेट एक्ट का विरोध करने के लिए जमा हो रहे हैं।

सुच्चा : आज तो अप्रैल 13, 1919 है लेकिन ये काला क़ानून लन्दन के पार्लियामेंट ने अभी दो माह पहले फरवरी 1919 में पास कर दिया था।

ऊधम सिंह : इस क़ानून का मतलब क्या तुम लोग जानते हो, इस क़ानून का मतलब स्वतन्त्रता के क्रान्तिकारियों को अब गिरफ्तार करने के लिए अदालत से इजाज़त लेना आवश्यक नहीं होगा।

सुलखान : इस क़ानून के विरोध में महात्मा गाँधी जी ने पुरज़ोर विरोध किया। यहाँ तक कि अंग्रेज़ों को शैतान तक कह दिया।

सुच्चा : ये मत भूलना कि गाँधी जी ने अपने एक सप्ताह पूर्व बचाव में फिर साफ़–साफ़ दोहराया है कि हम भगवान की दी हुई शिक्षा अर्थात् अहिंसा के पुजारी हैं। हम हिंसा नहीं असहयोग, सविनय अवज्ञा की राह पर चलने वाले लोग हैं और एक न एक दिन उस बूढ़े महात्मा के सामने ब्रिटिश हुकूमत को नतमस्तक होना ही पड़ेगा।

सुलखान : देखो शान्तिपूर्ण विरोध के लिए प्रभात फेरी के ऐलान पर लोगों का आना शुरू हो गया है। चलो सभा का संचालन शुरु किया जाये।

(अंग्रेज़ पुलिस जो प्रभात फेरी पर नज़र रखती थी उनके मुखबिरों ने सूचना पहुँचा दी)

सुच्चा : स्वर्ण मन्दिर से करीब इस जलियाँवाला बाग़ में जो लगभग 15 फ़ीट ऊँची दीवारों से घिरा है यहाँ हम हमेशा बैसाखी मनाते रहे हैं। मैं अपनी तरफ़ से और अखिल भारतीय कांग्रेस कमेटी की तरफ़ से आप सबको बैसाखी की मुबारकबाद देता हूँ।

सुलखान : साथियो बैसाखी के साथ–साथ हमारा मुख्य मुद्दा रोलेट एक्ट का विरोध करना है। इस क़ानून का मतलब है बिना अदालत में पूछे ये हमारे क्रान्तिकारियों को कै़द करेंगे और घरों में घुसकर अत्याचार करेंगे। ये सभा, रोलेट एक्ट समाप्त करने की अपने राष्ट्रीय नेताओं की माँग का समर्थन करती है।

(अंग्रेज़ जनरल अपनी कमान को लेकर जलियाँवाला बाग़ में प्रवेश करता है और निहत्थे मजमे पर महिलाओं, बच्चों व बड़ों पर बिना चेतावनी के फायर का आदेश दे देता है।)

(चीख़–पुकार के बाद लोग इधर–उधर भागने

लगते हैं। जान बचाने के लिए लोग पास के कुएँ में कूद जाते हैं। लाशों के ढेर के बीच में ऊधम बच जाता है।)

दृश्य–2

1940 (Caxton Hall, Westminster, London)

(समारोह समापन की तरफ़ बढ़ रहा था। रिटायर्ड कर्नल डायर को अध्यक्षीय भाषण देने के लिए तब तक किसी ने हवा में दो गोलियाँ चलाईं। चीख़–पुकार के बाद लोगों में भगदड़)

ऊधम सिंह : You all can leave the auditorium peacefully. I will not harm any of you except I need Dictator and retired General Dyer.

(पलक झपकते ही ऊधम सिंह की गोली डायर के बायें कन्धे पर लगती है। हॉल ख़ाली हो गया है। मंच पर डायर और ऊधम सिंह बचे हैं।)

जनरल डायर : आप कौन हैं? मैंने आपका क्या बिगाड़ा है? किस बात की दुश्मनी है, मैं नहीं जानता।

ऊधम सिंह : चाहूँ तो इस रिवॉल्वर में बची तीनों गोलियाँ अभी खाली कर दूँ लेकिन मुझे तुम्हारे सवालों का जवाब देना है और अपने सवाल पूछने हैं।

(जनरल डायर और ऊधम सिंह मंच पर गोल चक्कर लगाते हैं जनरल डायर घायल है और ऊधम सिंह के हाथ में रिवॉल्वर है)

डायर : किस बात की सज़ा है, तुम जानते नहीं हो तुम्हें अभी पुलिस पकड़ लेगी और फाँसी के फन्दे पर झूलोगे।

ऊधम सिंह : काला पानी की जेल में रोज़ तीन क्रान्तिकारियों को एक साथ फाँसी दी जाती है। जब हम इतनी बड़ी बरतानवी हुकूमत से नहीं डरे तो उस 2 इंच की सूली से क्या डर।

डायर : हमारी सरकार ने काला पानी की सेलुलर जेल बन्द कर दी है।

ऊधम सिंह : डायर तुमसे मेरा पहला सवाल है कि जलियाँवाला बाग़ काण्ड में तुमने एक अहिंसक प्रदर्शन में बच्चे, बूढ़े, नौजवान, महिलाओं, दूध से सिसकते बच्चों पर बिना चेतावनी गोलियाँ चलाईं, ये सही है।

डायर : Yes, absolutely right.

ऊधम सिंह : तो मेरा दूसरा सवाल यह है कि अमृतसर के निकट जलियाँवाला बाग़ में तोप ले आये थे। लेकिन गली सँकरी होने के कारण वो बाग़ के अन्दर नहीं दाख़िल हो सकी। क्या अगर तोप अन्दर आ जाती तो तुम निर्दोषों के चिथड़े उड़ा देते?

डायर : तुम सही कह रहे हो। मैंने तोप बुलाई ही इसीलिए थी।

ऊधम सिंह : जब तोप न चल सकी तो तुमने जलियाँवाला बाग़ के सैकड़ों निहत्थों को छलनी कर दिया लेकिन बदनसीब एक नौजवान लाशों के ढेर में छुपकर निकल आया जिसने भारत माता की शपथ ली कि मैं सच्चा सिख तभी बनूँगा जब मैं डायर को मार दूँगा।

(तीनों गोलियाँ चलाते हुए)

(ऊधम सिंह को कोर्ट ट्रायल के बाद जुलाई 31 1940 को फाँसी दे दी गयी।)

GO BACK

5

साइमन कमीशन गो-बैक

दृश्य–1

(चार कुर्सियों पर बैठे कांग्रेसी)

मेहर अली : आज ये गुप्त बैठक बम्बई शहर के डोंगरी स्थित इस सराय में हो रही है। अब मैं पार्टी के अगली पंक्ति के नेता जनाब मुहम्मद अली जिन्ना को माइक पर आमन्त्रित करता हूँ।

जिन्ना : दोस्तो पिछले हफ़्ते की बात है, मैं कलकत्ते से पुणे पार्टी की बैठक में आया था जहाँ मेरी मुलाक़ात गाँधी जी से हुई थी। जब मैंने साइमन कमीशन के बारे में उनसे पूछा तब उन्होंने बड़े आसान लफ़्ज़ों में समझाया कि दो बातें प्रमुख हैं। पहला–किसी तरह अंग्रेज़ समर्थक दलों से मिलकर देश में नया संविधान लागू किया जाय और दूसरा–अंग्रेज़ों को ऐसी क्या ज़रूरत आन पड़ी कि कमीशन के सारे सदस्य अंग्रेज़ हैं, उसमें कोई भारतीय नहीं है। तो तुम लोग जाओ जहाँ–जहाँ साइमन कमीशन जाये, उनका अहिंसात्मक विरोध करो।

(जिन्ना वापस अपनी जगह बैठ जाते हैं।)

मेहर अली : आपने जो विरोध की बात कही है तो कल रात सुना है कि साइमन कमीशन का जहाज़ बम्बई के तट पर लगेगा और हमारा नारा होगा–''साइमन कमीशन वापस जाओ।''

"Simon Commission Go Back"

(फ़रवरी 03, 1928 को महाराष्ट्र कांग्रेस कार्यकर्ताओं और आम जनता ने जिन्ना के आह्वान पर बम्बई में ऐसा ऐतिहासिक बन्द किया। कहते हैं कि उस दिन पान और चाय की दुकानें तक बन्द रही और मेहर अली का नारा 'साइमन कमीशन वापस जाओ' "Go Back Simon Commission" *सुबह से शाम तक चलता रहा।)*

(उसके बाद तो साइमन जहाँ जहाँ गये मानो "Go Back Simon Commission" *उनके साथ–साथ पूरे देश में चलता रहा।)*

दृश्य–2

(मि. साइमन और उनके 6 कमीशन मेम्बर लाहौर के आर्मी गेस्ट हाउस में 29 अक्टूबर, 1928 को रुके। सड़क का दृश्य, जहाँ एक बड़े हुजूम के साथ भारतीय राष्ट्रीय कांग्रेस के गरम दल के नेता लाला लाजपत राय खड़े हैं और वहीं सभा चालू हो गयी है।)

लाजपत राय : आपके पास सत्ता है, फ़ौज है, हथियार है, गोलियाँ हैं और हम गाँधी जी के अनुयायी और अहिंसा पर विश्वास रखने वाली हमारी कांग्रेस कमेटी आपसे तीन सवाल पूछती है।

पहला– हमने कब आपसे ये कहा कि हमें एक कमीशन की आवश्यकता है? दूसरा– जो आपका साइमन कमीशन है, उसमें सातों अंग्रेज़ हैं। भारतीय क्यों नहीं हैं? तीसरा–यह कि पूरा देश जान गया है कि आपके कमीशन को देश के संविधान को और लचीला बनाना है कि हिन्दुस्तानी ठीक से साँस भी न ले सकें। मैं आप सबका आह्वान करता हूँ कि जहाँ–जहाँ साइमन कमीशन जाए वहाँ–वहाँ "साइमन कमीशन गो बैक" के नारे लगायें।

(ब्रिटिश पुलिस वाले सभा पर ताबड़तोड़ लाठीचार्ज करते हैं और लाला लाजपत राय बुरी तरह जख्मी हो जाते हैं। उपचार के बावजूद लालाजी नवम्बर 17, 1928 को प्राण त्याग देते हैं।)

6

भगत सिंह

जन्म : सितम्बर 27, 1907

देहान्त : मार्च 23, 1931 लाहौर जेल

घटनास्थल : लाहौर

(एक कक्ष में बैठे दो युवा क्रान्तिकारी राजगुरु और सुखदेव)

राजगुरु : सब ख़ैर हो इतनी देर हो गयी लेकिन भगत अभी तक क्यों नहीं आया? पता नहीं रोटी खायी कि नहीं।

सुखदेव : देख गुरु हमारे लालाजी को अक्टूबर की 30 तारीख़ को लाठियाँ लगी थीं आज सत्रहवाँ दिन है। उनकी तबीयत सुधरना तो छोड़ो, सेहत गिरती जा रही है। मुझे तो डर लग रहा है।

(भगत सिंह का कक्ष में प्रवेश, भगत सिंह रोते बिलखते साथी सँभालते हुए)

भगत सिंह : ओए सुखदेव, तेरे लालाजी शहीद हो गये।

(तीनों आपस में फूटकर रोते हैं)

पोंछ डालो ये आँसू, आँसू क्रान्तिकारी को कमज़ोर करते हैं। हमें लालाजी की मौत का बदला लेना ही होगा।

राजगुरु : पुलिस अधिकारी जॉन साण्डर्स सुबह 11 बजे अपने दफ़्तर से निकलता है।

सुखदेव : पास में ही लस्सी की रेड़ी रहती है।

भगत सिंह : ठीक है...। इसे हम वहीं मारेंगे।

राजगुरु : अंग्रेज़ों के पैरों से ज़मीन खिसक जायेगी।

भगत सिंह : पूरे देश में क्रान्ति का नया बिगुल बजेगा। हम लोग रिवॉल्वर के साथ 7 बजे गुरुद्वारे पहुँच जायेंगे। वहीं से रेड़ी तक चलेंगे।

दृश्य–2

(सुबह के 8 बज रहे हैं। सुखदेव, राजगुरु और भगत सिंह जिनके पास रिवॉल्वर है, रेड़ी के आसपास पहुँच चुके हैं।)

(जॉन साण्डर्स पुलिस ऑफ़िस से बाहर निकलता है। मंच के बीच में पहुँचते ही तीनों क्रान्तिकारी उसे घेर लेते हैं। और पलक झपकते ही भगत सिंह उसे अपनी रिवॉल्वर का निशाना बना लेता है। तभी कुछ सिपाही गोली चलने की आवाज़ से बाहर आ जाते हैं।)

राजगुरु : तुम लोग हिन्दुस्तानी हो, तुमसे हमारी कोई लड़ाई नहीं है। हमें जॉन साण्डर्स को मारना था, तो वो सामने ज़मीन पर मरा पड़ा है।

सुखदेव : चल ओये...नहीं तो गारद आ जायेगी।

(अगले दिन सुबह अख़बार वाला)

अख़बार वाला : लालाजी के हत्यारे जॉन साण्डर्स की क्रान्तिकारी दल द्वारा हत्या।

दृश्य–3

दिल्ली

(भगत सिंह भेस बदलकर दिल्ली पहुँचते हैं। जहाँ उनकी मुलाक़ात नये सहयोगी बटुकेश्वर दत्त से होती है।)

बटुकेश्वर : भगत दिल्ली पहुँचने के रास्ते में कोई परेशानी तो नहीं हुई।

भगत सिंह : *(हँसते हुए)* नाम, पता और सूरत तो बदल ही दी थी, तो कैसी परेशानी!

बटुकेश्वर : भगत सिंह यहाँ दिल्ली में जो The Central Legislative Assembly से Public Safety और Trade Dispute Bill जिसे अँगरेज़ अपने फ़ायदे के लिए बना रहे हैं, अगर बिल पास हो गया तो ये देश पर कुठाराघात होगा।

भगत सिंह : हम ऐसा कतई नहीं होने देंगे, लेकिन मुझे वहाँ पहुँचने का रास्ता नहीं मालूम।

बटुकेश्वर : तुम मेरे साथ असेम्बली चलो, हम पब्लिक गैलरी पहुँच जायेंगे।

(बटुकेश्वर दत्त एक बम भगत सिंह को देता है। दूसरा अपनी ओवरकोट की जैकिट में डाल लेता है। पब्लिक गैलरी में पहुँचने के दूसरे ही पल एक–एक कर दो धमाके हो जाते हैं। लोग घबराकर बचने के लिए इधर–उधर भागने लगते हैं। वो एक पटाखा बम था जिसने शोर तो मचाया लेकिन न तो कोई हताहत और न ही कोई घायल हुआ।)

बटुकेश्वर : घबराइये मत हमारा मक़सद किसी को नुकसान पहुँचाना नहीं, ये जो Trade Dispute Bill ब्रिटिश सरकार पास करवाना चाहती है हम उसका विरोध करते हैं।

भगत सिंह : ये बिल नौकरी देने वालों की हिफाजत करता है नौकरी करने वालों की नहीं। ये सरकार की तानाशाही और पूँजीपतियों की सोच वाला बिल है जिसे हम पारित नहीं होने देंगे।

बटुकेश्वर : हम दोनों के पास यहाँ से भाग जाने का उचित समय और सुलभ रास्ता है।

भगत सिंह : हम केवल बम फेंककर भागने के लिए नहीं आये हैं। हमें बिना डरे गिरफ़्तार कीजिए और हमें अदालत में पेश कीजिए।

(कुछ ही समय में पुलिस दोनों को गिरफ़्तार कर लेती है। भगत सिंह, सुखदेव और राजगुरु को मार्च 23, 1931 को लाहौर में फाँसी की सज़ा दी गयी थी। बटुकेश्वर दत्त को उम्रक़ैद की सज़ा हुई।)

7

गाँधी जी की रेल यात्रा (साउथ अफ्रीका)

जून 07, 1893

सूत्रधार : लन्दन से वकालत की डिग्री लेने के बाद गाँधी जी को राजकोट और बम्बई की अदालत में कोई ख़ास काम न मिला, तभी साउथ अफ्रीका में एक व्यापारी अब्दुल्ला ने अपनी कम्पनी में काम करने के लिए गाँधीजी को नियुक्त कर लिया। इस तरह गाँधी जी 1893 में डरबन से प्रिटोरिया जाने के लिए ट्रेन में सवार हो गये।

ट्रेन छूटने से 5 मिनट पहले गाँधी जी अपने सामान के साथ फर्स्ट क्लास की बोगी में सवार थे। उनके हाथ में उस समय के प्रसिद्ध लेखक रॉस्किन की किताब थी। ट्रेन के चलते ही गाँधी जी उस किताब को पढ़ने लगे। रात के लगभग 11 बज चुके थे। तभी गाँधी जी के कम्पार्टमेंट में एक टीटीई आकर पूछता है। गाँधीजी सूट पहने सफ़र कर रहे थे।

टीटीई : कहाँ जा रहे हो?

गाँधी जी : प्रिटोरिया

टीटीई : अपना टिकट दिखाओ।

गाँधी जी : (झट जेब से टिकट निकाल दिखाते हैं) लीजिए मेरा टिकट।

टीटीई : तुम्हें टिकट कैसे मिला?

गाँधी जी : टिकट मैंने तार भेजकर मँगवाया था।

टीटीई : तुम अपना सामान लेकर अगले स्टेशन पीटरमेरिट्ज़बर्ग पर उतर जाना।

गाँधी जी : देखिये मैंने लन्दन कॉलेज से लॉ की डिग्री ली है। *(अपना कार्ड दिखाते हुए)* मैं साउथ अफ्रीका एक मुक़दमा लड़ने के लिए नियुक्त हुआ हूँ।

टीटीई : तुम काले लोग कुली की तरह हो, अगले स्टेशन पर अगर सामान नहीं उतारा तो मैं तुम्हें और तुम्हारे सामान को फेंक दूँगा।

(एक नीग्रो कुली का प्रवेश)

कुली : सर आप शायद यहाँ नये आये हैं, यहाँ का ऐसा ही क़ानून है।

(थोड़ी देर में ट्रेन पीटरमेरिट्ज़बर्ग स्टेशन पर पहुँच जाती है। गाँधी जी उतरते नहीं हैं।)

(गार्ड साथ में है वो लोग गाँधी जी को पकड़कर डिब्बे के बाहर धक्का देते हैं। फिर गाँधी जी के दोनों बैग भी फेंक देते हैं। गाँधी जी मुँह के बल गिरते हैं और ट्रेन आगे बढ़ जाती है। गाँधी जी सर पर चोट और धक्के के इस अपमान से आहत हैं। गाँधी जी खुद को सँभालते हुए एक बेंच पर बैठ जाते हैं खुद से बातें करने लगते हैं।)

गाँधी जी : हे भगवान् मैंने कभी सोचा नहीं था कि एक इन्सान दूसरे इन्सान को इतना अपमानित कर सकता है। मुझे तो लगता है कि मैं यहीं से भारत वापस लौट जाऊँ लेकिन वापस लौटना तो कायरता होगी।

भगवान मुझे एक ऐसी शक्ति दे दे जिससे मैं इस रंगभेद का जवाब दे सकूँ और ब्रिटिश हुकूमत द्वारा हो रहे अत्याचारों को उसका विरोध कर समाप्त कर सकूँ।

(गाँधी जी स्वयं को अचानक एक प्रकाश के केन्द्र में पाते हैं।)

अन्तरात्मा : इतनी सुनसान रात और नया देश तुम्हें क्या कष्ट हो गया है?

गाँधी जी : आप हैं कौन और दिखते क्यों नहीं हैं?

अन्तरात्मा : इन सवालों में अपना समय नष्ट न करो मोहनदास।

गाँधी जी : अच्छा तो आप मेरे बारे में सब कुछ जानते हैं तो मुझे इस रंगभेद के कारण सामान समेत ट्रेन से फेंका गया है। मैंने ये निर्णय तो कर लिया है कि इस सरकार की रंगभेद की नीतियों और अन्याय के विरुद्ध लड़ूँगा पर लड़ूँ कैसे, किस हथियार से लड़ूँ?

अंतर्रात्मा : करमचन्द मैं तुम्हारे इस उत्पीड़न से दुःखी होकर तुम्हारे पास आया हूँ। मैं तुम्हें एक ऐसा हथियार बताऊँगा जिससे तुम तानाशाही हुकूमत का तख्ता पलट सकते हो।

गाँधी जी : वो हथियार क्या है?

अन्तरात्मा : 'अहिंसा परमो धर्मः' बाकी तुम स्वयं योग्य हो। रास्ता मैंने दिखा दिया है, चलना तुम्हें है।

8

चम्पारन

(मंच पर ज़मींदार की कोठी का बाहरी हिस्सा जहाँ ज़मींदार, अंग्रेज़ पुलिस कप्तान में बातचीत हो रही है।)

ज़मींदार : हुज़ूर आप तो जानते ही हैं हमारे किसान कितने कामचोर हैं।

मि. रिच : क्या कोई ख़ास बात है?

ज़मींदार : जी हाँ इस बार चम्पारन में नील कम पैदा हुआ है।

मि. रिच : ज़मींदार जी, Do you know, British is facing First World Wor, so we need more production and more money.

जमींदार : 3/20 कठिया क़ानून से ज़मीन उपजाऊ नहीं बंजर हो रही है। आप चाहें तो ख़ुद देख लें।

मि. रिच : क्या तुमने किसानों को ये नहीं बताया, 3/20 कठिया नील नहीं बोओगे तो जेल जाना पड़ेगा।

ज़मींदार : रिच साहब आप खुद ही देख लें।

(दोनों मंच के बाहरी भाग में पहुँचते हैं)

मि. रिच : *(खेत में काम करने वाले किसान से)*, Why you are not producing neel.

(मि. रिच अपनी बेंत से किसान को इतना मारते हैं कि वह गिर पड़ता है।)

जमींदार जी, Arrest this basterd.

(गाँधी जी का मंच पर प्रवेश, किसान का कष्ट सुनते हैं)

किसान : नील की खेती तो अंग्रेज़ हमसे कई सालों से करा रहे थे। लेकिन 3/20 कठिया नील बोने का क़ानून अप्रैल 10, 1917 से लागू है। अब हमें नील बोना ही पड़ेगा वरना इस क़ानून में जेल का भी बन्दोबस्त है।

(एक सभा का आयोजन)

गाँधी जी : आज से चम्पारन के सारे किसान जिन पर 3/20 कठिया नील उगाना सरकार की नीति है तो मेरा आह्वान है कि आज से कोई भी किसान नील नही उगायेगा। फिर चाहे वो हमें मारें–पीटें या जेल में डाल दें, लेकिन हम किसी शर्त पर भी अपने खेतों में अंग्रेज़ी हुकूमत के लिए नील नहीं बोयेंगे।

कृपलानी : गाँधी जी का आदेश है कि इस सभा के बाद हम सब चलकर Lt. Governor Sir Andrew Gett को अपनी समस्याओं का लिखित अनुरोध करेंगे।

(महात्मा गाँधी ज़िन्दाबाद, महात्मा गाँधी ज़िन्दाबाद)

गाँधी जी : मुझे Lt. Governor Sir Andrew Gett ने एक पत्र लिखा है कि तत्काल प्रभाव से (अक्टूबर 3, 1917) नील पर लगाया गया पुराना क़ानून रद्द कर दिया गया है।

कृपलानी : यह गाँधी जी का भारत में पहला असहयोग और सविनय अवज्ञा आन्दोलन था जो सफल हुआ।

किसान : गाँधी आप हमारे 'महात्मा' हैं। (पहली बार गाँधी जी को महात्मा कहा गया।)

शहीद स्मारक चौरी चौरा

9

चौरी-चौरा काण्ड

फ़रवरी 4, 1922

दृश्य–1

(इंस्पेक्टर गुप्तेश्वर सिंह और सब इंस्पेक्टर पृथ्वीपाल आपस में बातें कर रहे हैं।)

पृथ्वीपाल : इंस्पेक्टर साहब परेशान न हो बशीर अभी आता ही होगा।

गुप्तेश्वर : इन कांग्रेसियों का तो दिमाग़ ख़राब हो गया है। मैंने हुकुम सिंह से कहा था कि चौकी में परमिशन की अर्ज़ी दे दो। लेकिन किसी की मजाल है जो प्यार से मान जाये।

(कांस्टेबल बशीर खान का प्रवेश)

बशीर ख़ान : साहब मीटिंग चालू हो गयी है। कोई 4000–5000 आदमी होगा।

गुप्तेश्वर : तुमने तो कहा था मौलाना तुम्हारे मिलने वाले हैं, वो राज़ी कर लेंगे।

बशीर खान : मौलाना साहब फरमा रहे थे जलियाँवाला बाग़ काण्ड के बाद बात उनके भी पकड़ से बाहर हो गयी है। तुम्हारी पुलिस हमें लाठियों से पीटे या बन्द कर दे, हम राज़ी हैं।

पृथ्वीपाल : देखा सर देखा आपने, क़ानून को तो जूते की नोंक पर रखते हैं ये कांग्रेसी।

गुप्तेश्वर : अच्छा तो ठीक है, आज हम सबक ही सिखाये देते हैं। तुम सिपाहियों को घटनास्थल पर पहुँचने के लिए कहो। हाँ रायफ़ल लोड कर लें।

दृश्य–2

घटनास्थल

पृथ्वीपाल : चौरी–चौरा में धारा–144 कल से लगी है। हुकुम सिंह जी ये सभा गैर–क़ानूनी है।

(मंच पर हुकुम सिंह)

हुकुम सिंह : ना तो हमें धारा–144 की सूचना है और इस छोटे से क़स्बे में मीटिंग की परमिशन क्यों? तो साथियों मैं आपसे कह रहा था कि ज़िले और प्रान्त में जो ये मीटिंग हो रही है वो जालियाँवाले बाग़ काण्ड से हुए दुःख के कारण हो रही है।

गुप्तेश्वर : मैं एक बार फिर आप लोगों से कह रहा हूँ कि ये मीटिंग अवैध है और ब्रिटिश हुकूमत के ख़िलाफ़ है।

(3 सिपाही रायफल से निशाना लगाकर बैठते हैं। गुप्तेश्वर सिंह का आदेश फायर, मंच पर निशाना करती हुई गोली हुकुम सिंह, मौलाना सरवर और एक अन्य के सीने को छलनी कर देती है। कुछ नौजवान पुलिस वालों को घूरते हैं और दौड़ा देते हैं। बन्दूकों से लैस पुलिस वाले भीड़ से घबरा कर भागते हुए चौकी में घुस जाते हैं। भीड़ पूरे थाने को घेरकर आग लगा देती है जिसमें 22 पुलिसकर्मी जलते हुए मौत के घाट उतर जाते हैं।)

दृश्य–3

(फ़रवरी 12, 1922)

(1922 फ़रवरी माह का दूसरा सप्ताह, साबरमती आश्रम के कक्ष में गाँधी जी, पटेल और नेहरू चौरी–चौरा काण्ड के विषय में बात कर रहे हैं।)

नेहरू : अख़बार में चौरी–चौरा काण्ड नाम के शीर्षक से जो आर्टिकल छपा है उसमें पूरी घटना का विवरण है बापू।

पटेल : तीन कांग्रेसी नेता और 22 पुलिस के लोग मारे गये हैं। बड़ा दुःखद समाचार है। अंग्रेज़ों ने इसे अन्तरराष्ट्रीय रंग दे दिया है।

नेहरू : बापू हम भरसक प्रयास कर रहे हैं कि दोषियों को दण्ड मिले, 14 लोगों को सन्देह की दृष्टि में पुलिस ने गिरफ़्तार भी किया है।

गाँधी जी : सारी सूचनाएँ मुझे 4 तारीख़ को ही मिल गयी थीं। इन गिरफ़्तारियों से जो जेल चले गये वो तो लौटेंगे नहीं, मेरे सुझाये असहयोग आन्दोलन का ऐसा हश्र होगा, मैंने सपने में भी नहीं सोचा था।

पटेल : शायद उन लोगों ने सोच लिया था जिन्होंने कलकत्ता अधिवेशन में आपके असहयोग आन्दोलन के प्रस्ताव का विरोध किया था।

नेहरू : पटेल साहब विरोध के दूसरे कारण भी थे।

गाँधी जी : दरअसल असहयोग आन्दोलन अथवा सविनय अवज्ञा आन्दोलन का लोगों को पूर्ण अर्थ नहीं मालूम। अहिंसा केवल अहिंसा होती है जिसमें हिंसा का कोई स्थान नहीं होता। नेहरू जी आप अभी बहुत युवा हैं। चौरी–चौरा का समाचार पूरी दुनिया में फैलाने के

लिए अंग्रेज़ों की कोई चाल नहीं है। यह देश–विदेश के निर्भीक मीडिया की देन है।

नेहरू : गाँधी जी यह असल में एक तीर से दो निशाने किये गये हैं।

गाँधी जी : आप ठीक कह रहे हैं। पहला तीर असहयोग आन्दोलन को लगा है, दूसरा तीर मोहनदास को लगा है।

पटेल : बापू इतना विचलित मत होइए। वैसे भी देश के हमारे नरम दल के साथ–साथ गरम दल भी अपनी जगह बना रहा है।

गाँधी जी : नेहरू जी ये मेरा एक पत्र है, 'द हिन्दू' को दे दीजिएगा ताकि कल सुबह अख़बार में छप सके।

नेहरू : *(पत्र को पढ़ते हुए)* बापू ऐसा न करें लोगों की आस्था को चोट पहुँचेगी।

(नेहरू पत्र पटेल को दे देते हैं)

गाँधी जी : देखिए मैं आप लोगों के आने से पहले ही निर्णय कर चुका था। मैं तत्काल प्रभाव से पूरे हिन्दुस्तान से असहयोग आन्दोलन वापस लेने की घोषणा करता हूँ।

पटेल : नेहरू जी चलिए रास्ते में, 'द हिन्दू' का आफिस पड़ेगा, यह पत्र आज ही पहुँचाना होगा।

(नेहरू और पटेल साबरमती आश्रम के कक्ष से जाते हुए।)

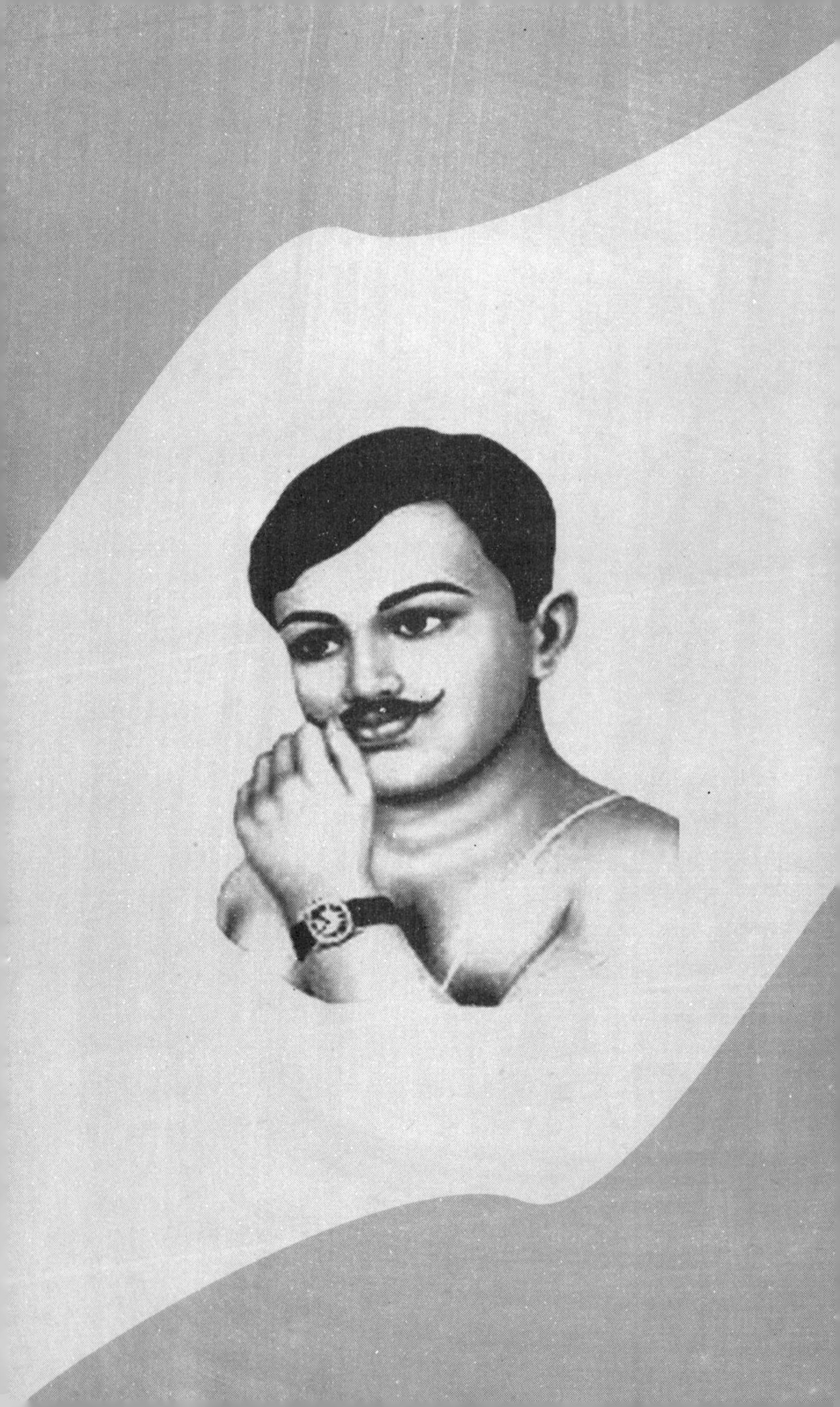

10

चन्द्रशेखर आज़ाद

जन्म : जुलाई 23, 1906
मृत्यु : फ़रवरी 27, 1931

दृश्य–1

(मंच पर धोती और जनेऊ पहने नंगी पीठ चन्द्रशेखर दोनों हाथ पीछे बँधे हैं, तनी हुई मूँछें भरा बदन)

पुलिस अधिकारी: पिता का नाम?

चन्द्रशेखर : स्वतन्त्रता

पुलिस अधिकारी: तुम्हारा नाम?

चन्द्रशेखर : आज़ाद

पुलिस अधिकारी: पता बताओ?

चन्द्रशेखर : जेल

पुलिस अधिकारी: सिपाही धर्मदेव जज का हुक्म है, इसे 15 कोड़े मारो।

(धर्मदेव एक–एक कर चन्द्रशेखर की पीठ पर 15 कोड़े मारते हैं।)

चन्द्रशेखर : *(कोड़ा पड़ता है)* वन्दे मातरम्...वन्दे मातरम्.... वन्दे मातरम्।

(भीड़ से एक आवाज़ आती है)

व्यक्ति : तुम चन्द्रशेखर ही नहीं आज से दुनिया तुम्हें चन्द्रशेखर आज़ाद के नाम से पुकारेगी।

दृश्य—2

(अगस्त 25, 1925, काकोरी काण)

(काकोरी क़स्बे की एक सुबह गोलियाँ चलने की आवाज़, चन्द्रशेखर, रामप्रसाद, बिस्मिल फायर करते हुए काकोरी क़स्बे में रेल से लूटा ख़ज़ाना लेकर, मंच के बीच पहुँचते हैं, आज़ाद पैर से बक्से का ताला तोड़ देता है।)

बिस्मिल : देखो ये ख़ज़ाना पहले अंग्रेज़ों ने हमसे लूटा अब हमने अंग्रेज़ों से लूट लिया।

चन्द्रशेखर : ये डकैती अंग्रेज़ी हुकूमत को तिलमिला देगी। दुनिया इसे ही 'काकोरी काण्ड' के नाम से जानेगी।

अशफ़ाक : अब आगे क्या योजना है?

बिस्मिल : तुम ये नक़दी लेकर पटना चले जाओ। वहाँ लालाराम नये हथियारों का इन्तिजाम कर देगा।

बिस्मिल : अशफ़ाक तुम क्या सोच रहे हो?

अशफ़ाक : काकोरी काण्ड एक मामूली डकैती नहीं है, ये तो अंग्रेज़ी हुकूमत को नींद से जगाने का नया क्रान्तिकारी तरीका है।

लेहरी : चलो अलग—अलग रास्तों से निकला जाये।

चन्द्रशेखर : एक मुश्किल है। ठाकुर, अशफ़ाक और पण्डित जी आप तीनों शाहजहाँपुर के रहने वाले हैं।

बिस्मिल : इसमें परेशानी कैसी? हम सबको तुम्हारी बताई हुई जगह पर पन्द्रहवें दिन पहुँचना है। लेहरी अब शाहजहाँपुर जाकर करोगे भी क्या?

(बाग़ के एक तरफ़ से पुलिस की सीटियों और फायरिंग की अवाज़, फायरिंग का मुँहतोड़ जवाब देते हुए सब दशहरी के बाग़ में ग़ायब हो जाते हैं।)

दृश्य–3

(फ़रवरी 27, 1931)

(मंच के बीच एक पेड़ और चबूतरा बना है। इलाहाबाद का अल्फ्रेड पार्क, फ़रवरी 27, 1931 का दिन है।)

चन्द्रशेखर : देखो इलाहाबाद में हमेशा मुखबिरों का ख़तरा बना रहता है।

सुखदेव : बरतानिया सरकार तो झुकने का नाम नहीं ले रही है। सोच रहा हूँ अपने मित्र के साथ गाँव चला जाऊँ।

(चन्द्रशेखर आज़ाद कमर से रिवॉल्वर निकालते हुए)

चन्द्रशेखर : अच्छा है गाँव में सबसे मिल लोगे। *(रिवॉल्वर देते हुए)* रख लो काम आयेगी।

(अल्फ्रेड पार्क के बाहर पुलिस अधीक्षक सर जॉन बोवर, डीसीपी विशेश्वर सिंह के साथ पहुँचता है।)

(मुखबिर की पहचान पर बोवर चालाकी से आज़ाद पर गोली चला देता है, गोली जाँघ को चीरती हुई निकल जाती है)

चन्द्रशेखर : *(दर्द से कराहते हुए)* तुम दोनों लेटकर दूसरी तरफ़ से बाहर निकल जाओ।

(पलक झपकते ही विशेश्वर सिंह ने गोली चलाई जो आज़ाद के दाहिने कन्धे पर लगी।

खुद को संभालते हुए निशाने के पक्के आज़ाद ने पहली गोली चलाई जो विशेश्वर सिंह के जबड़े में धँस गयी। धीरे-धीरे पुलिस फोर्स जामुन के पेड़ को घेर चुकी थी और आज़ाद के पास रिवॉल्वर में एक ही गोली बची थी। अपने बचने की उम्मीद समाप्त देखते हुए आज़ाद को ख़्याल आया कि वो अंग्रेज़ों के निशाने से मरना नहीं चाहता, वह अपना नारा लगाता है)

आज़ाद आज़ाद है और आज़ाद ही रहेगा।

(फिर वो आख़िरी गोली से शूरवीर आज़ाद स्वयं को गोली मारकर अपने प्राणों की आहुति मातृभूमि को दे देता है।)

11

भारतरत्न भीम राव अम्बेडकर

जन्म : महौ, मध्यप्रदेश, अप्रैल 14, 1891

मृत्यु : दिल्ली, दिसम्बर 06, 1956

(मंच के बीच में खड़े दो व्यक्ति बात कर रहे हैं।)

सर डेनियल : अम्बेडकर आज तक तुम जैसा विद्वान छात्र नहीं देखा।

अम्बेडकर : आपने मेरे शोध में जो सहयोग और मार्गदर्शन बतौर गाइड किया, मैं स्वयं को भाग्यशाली समझता हूँ।

सर डेनियल : लेकिन एक बात समझ नहीं आयी!

अम्बेडकर : सर वो क्या?

सर डेनियल : 1915 में तुमने कोलम्बिया विश्वविद्यालय से 'पुरातत्त्व भारत का वाणिज्य' विषय में पीएच.डी. कर ली थी तो दूसरी पीएच.डी. की क्या आवश्यकता आ पड़ी?

अम्बेडकर : आप सही कह रहे हैं सर, भारत एक गुलाम और गरीब देश है। पहले हम आयात का भुगतान चाँदी से अदा करते थे लेकिन अमरीका, इंग्लैंड, फ्रांस, जर्मनी जैसे विकसित देशों ने चाँदी के

बदले सोना लेना शुरू कर दिया तब से भारतीय रुपये की क़ीमत गिर गयी और हमें घाटा हो रहा है।

सर डेनियल : इसलिए तुमने 'रुपये की समस्या, उद्भव व समाधान' विषय में दूसरी पीएच.डी. की। अब तुम्हारे पास अर्थशास्त्र में दो पीएच.डी. हैं। तुम्हारा इरादा क्या है?

अम्बेडकर : एक तो मैं चाहता हूँ भारत में एक सरकारी बैंक मेरा मतलब है रिज़र्व बैंक होना चाहिए।

सर डेनियल : और दूसरी वजह?

अम्बेडकर : सर सोना हमारे देश में आज भी बहुत है लेकिन जनता के पास कम है। धार्मिक स्थलों में भरा पड़ा है।

सर डेनियल : वो सोना किसी के काम का नहीं है?

अम्बेडकर : अजीब बात है, सर आपका देश इंग्लैंड हमारा ख़ज़ाना ख़ाली कर रहा है और बदले में हम सोने से धार्मिक स्थल भर रहे हैं।

सर डेनियल : जानते हो इसका सबसे ज़्यादा फ़ायदा किसे हो रहा है?

अम्बेडकर : फ़ायदा तो सभी देशों को हो रहा है लेकिन सबसे ज़्यादा अमेरिका को हो रहा है। आज एक डॉलर तीन रुपये के बराबर है।

सर डेनियल : अच्छा तुम्हें कल जाना है।
बेस्ट ऑफ़ लक।

(दोनों गले मिलते हैं)

11अ

संविधान सभा

दृश्य–1

(जोगेन्द्रनाथ मण्डल और अम्बेडकर विमर्श करते हुए)

अम्बेडकर : मण्डल दादा आप दलित भाइयों की मेहनत और मुस्लिम लीग के समर्थन में मैं संविधान सभा के लिए चुन तो लिया गया लेकिन मेरे अपने शहर बॉम्बे ने मेरी दो पीएच.डी. और बीसियों डिग्रियों के बाद भी मुझे 14374 मतों से हरा दिया।

मण्डल : माना कि आज पूरे देश में तुमसे ज़्यादा विद्वान कोई नहीं है। अम्बेडकर बाबू ये राजनीति है। यहाँ कांग्रेस देश की आज़ादी का सबसे मज़बूत स्तम्भ है।

अम्बेडकर : संविधान सभा में पहुँचना मेरा मक़सद था क्योंकि वहीं मैं देश के नेताओं से दो टूक बात कर सकता हूँ।

(अख़बार वाला अख़बार कक्ष में डालता है)

मण्डल : लो आज की ख़बर, आनन्द बाजार पत्रिका आ गया।

(हेडलाइन पढ़ते हुए एकदम से खामोश हो जाते हैं)

अम्बेडकर : ऐसा क्या लिखा है? मैं तो आपकी भाषा भी नहीं जानता।

मण्डल : अम्बेडकर बाबू समाचार अच्छा नहीं है। बँटवारे की जो रिपोर्ट रेडक्लिफ (Redclif) कमेटी ने दी है उसमें तुम्हारा संविधान सभा का क्षेत्र पाकिस्तान में चला गया है।

अम्बेडकर : अच्छा! तो संविधान सभा की सीट जीतकर भी मैं हार गया। अब मेरे लिए अच्छा होगा कि मैं आज ही दिल्ली चला जाऊँ।

दृश्य–2

(संविधान सभा की पहली बैठक)

अयंगर : आज संविधान सभा की पहली बैठक में विभिन्न प्रान्तों से जीतकर आये हुए सभी संविधान सभा के सदस्यों का अखिल भारतीय कांग्रेस कमेटी स्वागत करती है। मैं पंडित नेहरू जी से आग्रह करूँगा कि वो आयें और संविधान सभा का अध्यक्ष चुनें।

नेहरू : जैसा कि आप सब जानते हैं भारतीय संविधान की रचना का लक्ष्य देश की सम्पूर्ण आज़ादी के बाद अब हमारा संविधान क्या होगा, उसे कौन लिखेगा? मतलब संविधान सभा का अध्यक्ष कौन होगा? इस काम के लिए जिन शीर्ष नेताओं ने विचार–विमर्श कर मुझे यह निर्णय लेने की सहमति प्रदान की है। इस अधिकार का प्रयोग करते हुए मैं डॉ. भीमराव अम्बेडकर जी का नाम चुनता हूँ जिन्हें हम बाम्बे सिटी निर्वाचन क्षेत्र से अन्ततः दोबारा निर्वाचित कराकर लाये हैं।

अयंगर : मैं नेहरू जी के इस प्रस्ताव से पूर्णतया सहमत हूँ। आप लोग भी अगर सहमत हों तो अपने हाथ खड़े कर दें। (सभी हाथ उठाते है)

नेहरू : मैं डॉ. अम्बेडकर से सर्वप्रथम कोलम्बिया यूनिवर्सिटी में मिला था। इससे पहले कि अम्बेडकर जी कुछ कहें मैं आपको संविधान सभा का अध्यक्ष चुनने पर बधाई देता हूँ साथ ही यह भी कहना चाहता हूँ कि आपके साथ में काम करने वाले आपके विरोधी भी हो सकते हैं। कांग्रेस के मूल सिद्धांत में रंगभेद, जाति भेद, अछूत आदि को हम नहीं मानते। हमारे लिए व्यक्ति की योग्यता महत्त्वपूर्ण है। आपने देश–विदेश से 26 डिग्रियाँ लीं, अर्थशास्त्र में दो पीएच.डी. की है। बैरिस्टर होने के साथ–साथ एम.एससी. और डी. सी.एस. भी हैं।

अम्बेडकर : आज नेहरू जी ने मेरे दिल पर खींची गयी लकीरों को धो डाला है। मैंने अमेरिका, रशिया, जर्मनी, फ्रांस आदि कई देशों के संविधानों का अध्ययन किया है। मैं आपके विश्वास पर खरा उतरने का पूर्ण प्रयास करूँगा।

(धन्यवाद का इशारा कर बैठ जाते हैं।)

दृश्य–3

अयंगर : अम्बेडकर जी ने कई विभिन्न क्षेत्रों में काम किया है, जैसे–लेबर इश्यू पर अम्बेडकर जी के शोध–पत्र पर अंग्रेज़ों ने मज़दूरी का समय 14 घण्टे से घटाकर 8 घण्टे कुछ दिन पहले ही कर दिया है।

(हॉल में तालियाँ)

जनवरी 26, 1950 को भारतीय संविधान लागू हो गया। फिर 1951 को हिन्दू कोड बिल के मसौदे को रोके जाने के कारण अम्बेडकर जी ने कैबिनेट से

इस्तीफ़ा दे दिया। इस बिल में विरासत और विवाह के क़ानून में लैंगिक समानता को शामिल करने की माँग की गयी थी। अपने जीवन के अन्त तक वो राज्यसभा के सदस्य बने रहे। इन्होंने नागपुर में 3,80,000 लोगों के साथ धर्म परिवर्तन कर बौद्ध धर्म ग्रहण कर लिया था।

12

अब्राहम लिंकन

जन्म : फ़रवरी 12, 1809, लेयोर, केंटकी, यूनाइटेड स्टेट

मृत्यु : अप्रैल 15, 1865, पिटरसन हाउस, वाशिंगटन यू.स.

(अब्राहम लिंकन की एक चुनावी सभा)

लिंकन : साथियो आज आपकी अपार भीड़ देखकर मुझमें यह विश्वास जागा है कि रिपब्लिकन पार्टी, जिसका मैं राष्ट्रपति पद का प्रत्याशी हूँ, आगामी चुनाव में रिपब्लिकन पार्टी और आपके प्रत्याशी की जीत होगी। हमने अपने मेनिफेस्टो में जो बातें कही हैं, उनमें प्रमुखता से कहा गया है कि हम अगर सत्ता में आये तो गुलाम प्रथा को पूरे यूनाइटेड स्टेट में समाप्त कर देंगे। यहाँ तक कि इसे ग़ैरक़ानूनी घोषित करेंगे। और यह मत भूलें कि मेरी तरह लाखों अश्वेत ही इस देश के मूल निवासी हैं जिनकी हालत चिन्ताजनक है। अमेरिका जिन 50 राज्यों से मिलकर बना है, उनके अधिकारों पर सामूहिक चिन्तन होगा। धन्यवाद!

हैनीबेल : लिंकन ये भूल रहे हैं कि साउथ अमेरिका में कान्स्टीट्यूशनल यूनियन पार्टी का वर्चस्व है। साथ ही देश के निवासी अपने खेतों पर अश्वेतों को बहुत

बड़ा काम दे रखा है। इसलिए हमारी पार्टी गुलामी प्रथा बनाये रखना चाहती है। वरना देश में गृहयुद्ध भी हो सकता है।

(अब्राहम लिंकन की पार्टी 180 राज्य और 39.8 प्रतिशत वोटों से विजयी हो गयी।)

लिंकन : मैं, मेरे पूर्वज, मेरे माता–पिता सब इस महान् राष्ट्र अमेरिका को सलाम करते हैं। एक गरीब घर के मजदूर और वकील को यूनाइटेड स्टेट का प्रेसिडेंट बनाने के लिए जिन्होंने मेरी जीत के लिए वोट दिया हो या न दिया हो, मैं सबका आभारी हूँ। मैं किसी पार्टी या वर्ग विशेष का नहीं, यूनाइटेड स्टेट का प्रेसिडेंट हूँ। अब मैं मेनिफेस्टो के पहले विषय गुलामी प्रथा को समाप्त करता हूँ।

(मंच पर दो तरफ़ से लोग आकर लड़ते हैं। एक गृहयुद्ध दिखाने के लिए दो पक्ष आपस में लड़ते हैं। प्रेसिडेंट के कक्ष में वाइस प्रेसिडेंट हैनीबेल का प्रवेश)

हैनीबेल : मिस्टर प्रेसिडेंट देश में गृहयुद्ध छिड़ गया है। दक्षिण राज्यों को पार्टी की जीत नागवार गुज़री है। कैरोलिना, मिसीसिपी, फ्लोरिडा, अलबामा, जॉर्जिया, लुसियाना और टेक्सास ने संघ से अलग होकर जेफरसन डेविस को अपना राष्ट्रपति चुन लिया है।

लिंकन : मिस्टर वाइस प्रेसिडेंट बड़ी से बड़ी मुश्किलों में भी मैंने कभी हथियार नहीं डाले। आप थोड़ी देर कॉफ़ी पियें।

(वाइस प्रेसिडेंट कॉफ़ी पीते हुए)

हम तत्काल यह निर्णय लेते हैं कि जो गुलाम आज़ाद हुए हैं उन्हें फ़ौज में नौकरी दे दो और दक्षिण राज्यों

में ताक़तवर और मेहनती आज़ाद हमारी तरफ़ हो जायेंगे। किसी भी क़ीमत पर दक्षिण राज्यों का दूसरे देशों से सम्पर्क नहीं होना चाहिए।

हैनीबेल : ठीक है, सर ऐसा ही होगा। इससे तो गृहयुद्ध स्वयं ख़त्म हो जायेगा।

(अमेरिका गृहयुद्ध और गुलाम प्रथा से बाहर निकल आया क्योंकि उसे दुनिया में बड़े–बड़े काम करने थे। लिंकन को नाटक देखते समय एक रंगकर्मी बिलकिस बूथ ने गोली मारकर हत्या कर दी थी।)

13

स्वामी विवेकानन्द

जन्म : जनवरी 12, 1863, कलकत्ता
मृत्यु : जुलाई 4, 1902, बेलूर मठ, हावड़ा
पिता : शिवनाथ दत्त
माता : भुवनेश्वरी देवी
घर का नाम : नरेन्द्र नाथ दत्त

सेवक : *(परमहंस से कहते हुए)* स्वामी जी एक युवा लड़का नरेन्द्रनाथ दत्त आपसे मिलना चाहता है।

परमहंस : जाओ उस अतिथि को लेकर आओ।

(सेवक लेकर आता है।)

नरेन्द्र : परमहंस जी प्रणाम!

परमहंस : कहो शिष्य नरेन्द्र, किस कारणवश आना हुआ?

नरेन्द्र : मुझे ज्ञात हुआ था कि यहाँ तर्क–वितर्क होता है।

(परमहंस नरेन्द्र से बहुत प्रभावित हुए)

परमहंस : तुम जब मेरे निकट आ ही गये हो तो मेरे प्रमुख शिष्य बन जाओ।

नरेन्द्र : मैं समझा नहीं!

परमहंस : मेरा आशय है कि तुम आज ही से संन्यास ले लो, तुम्हारे अन्दर के ज्ञान को मैं समझ चुका हूँ।

(नरेन्द्र परमहंस के चरणों पर शीश रख देते हैं।)

नरेन्द्र : यह मेरा सौभाग्य है। मैंने साहित्य, दर्शन और इतिहास का ज्ञान प्राप्त किया है। हिन्दू धर्म और संस्कृति को समझा है।

परमहंस : मैं तुम्हारा संन्यासी नाम विवेकानन्द रखता हूँ।

विवेकानन्द : मैं अपना जीवन अपने स्वामी रामकृष्ण परमहंस को समर्पित करता हूँ।

(स्वामी परमहंस की सेवा विवेकानन्द ने उनके अन्तिम समय तक की। फिर वह 25 वर्ष की आयु में पूरे देश में ज्ञान बाँटते बम्बई पहुँच गये जहाँ उनके शिष्यों ने अमरीका जाने का किराया दे दिया।)

(मई 31, 1893 को बम्बई से अमरीका में शिकागो के लिए रवाना हुए। उन्होंने जो गेरुआ वस्त्र पहना था, वो शिकागो की ठण्ड के लिए कम था। ठहरने की कोई उचित जगह न मिलने के कारण विवेकानन्द एक सप्ताह तक यार्ड में खड़ी एक बोगी में विश्राम करते रहे। 11 सितम्बर, 1893 को स्वामी विवेकानन्द को विश्व धर्मसभा में बोलने का अवसर एकदम अन्त में मिला।)

विवेकानन्द : मेरे अमेरिकी भाइयो और बहनो (हॉल में कई मिनट तक तालियाँ बजती रहीं) आपने जिस सौहार्द और स्नेह के साथ स्वागत किया है, उसके प्रति मैं आभार व्यक्त करता हूँ। संसार में संन्यासियों की सबसे प्राचीन परम्परा की ओर से मैं आपका धन्यवाद करता हूँ। सभी सम्प्रदायों एवं मतों को कोटि–कोटि हिन्दुओं की ओर से भी धन्यवाद देता हूँ। मैं एक ऐसे धर्म का अनुयायी होने में गर्व करता हूँ जिसने संसार को सहनशीलता और सार्वभौमिक स्वीकृति का

पाठ पढ़ाया। हम विश्व के सभी धर्मों को सत्य के रूप में स्वीकार करते हैं। मुझे गर्व है कि मैं एक ऐसे देश से हूँ जिसने सभी देशों और धर्मों के परेशान और सताये गये लोगों को शरण दी है। हमने अपने हृदय में उन इस्राइलियों की पवित्र स्मृतियाँ सँजोकर रखी हैं जिनके धर्मस्थल को रोमन हमलावरों ने तोड़–फोड़कर खण्डहर कर दिया था। हमने पारसी धर्म के लोगों को भी शरण दी।

जिस तरह अलग–अलग स्रोतों से निकली विभिन्न नदियाँ अन्त में समुद्र में जाकर मिलती हैं उसी तरह मनुष्य अलग–अलग मार्ग चुनता है। लेकिन वे सब मार्ग अन्त में भगवान् तक ही पहुँचते हैं। आज का धर्म संसद सबसे पवित्र सभाओं में से है। गीता में बताये गये सिद्धान्त का प्रमाण है।

साम्प्रदायिक कट्टरता और इसके भयानक वंशज हठधर्मिता लम्बे समय से पृथ्वी को अपने शिकंजों में जकड़े हुए हैं। जिस कारण कितनी बार धरती ख़ून से लाल हुई है, कितनी ही सभ्यताओं का विनाश हुआ है। ये बाते न होतीं तो मानव समाज कहीं ज़्यादा उन्नत होता। आज इस सम्मेलन का शंखनाद सभी हठधर्मिताओं क्लेश चाहे वो तलवार से हो, या क़लम से, सभी मनुष्यों की दुर्भावनाओं का विनाश होगा।

अगर ध्यान दूसरों की भलाई करने में मदद करे तो इसका मूल्य है। अन्यथा ये बुराई का एक ढेर है। इससे जितनी जल्दी छुटकारा मिल जाये, उतना बेहतर है।

धन्यवाद...!

14

अटैक हार्ट

(एकांकी नाटक)

(एक लड़का माइक पर आकर क़िस्सा सुनाता है)

उस रात गुस्से में बेगम से नाराज़ होकर मैंने बन्दूक उठाई और लखनऊ से कतरनिया घाट पहुँच गया। शाम तक रुकय्या के यहाँ रुका। अँधेरा होते ही मैं कतरनिया घाट से शिकार के लिए निकला। पैदल चलते कोई दो घण्टे ही हुए होंगे। शेर को देख लेने वाली नज़रे कमज़ोर हो चुकी है। इसीलिए बेगम ने शिकार पर न जाने की क़सम धराई थी। मैं भूल से झाड़ी समझ दस फ़ीट गहरे और 20 फुट चौड़े गड्ढे में गिर गया। वैसे उस गड्ढे से बचने के लिए चारों तरफ़ काँटें बिछा दिये गये थे। गड्ढे में कुल चार जानवर थे, पहला मैं ख़ुद, दूसरा 10–12 फ़ीट का अजगर, एक बारहसिंगा और ठीक से देखने पर नज़र आया एक आदमखोर शेर। अजगर ने मुँह खोलकर बारहसिंगा को लीलना शुरू किया। मैं देख रहा था लेकिन शेर मुझे घूरे जा रहा था और सोच रहा था कि एक हूबहू आदमजात मेरे इतने नज़दीक कैसे? अजगर लगभग बारहसिंगा को लील चुका था लेकिन बारहसिंगा की सींगों को अजगर तोड़ नहीं पाया और अजगर मरने से पहले अपनी केंचुली उतार गया। मेरी बन्दूक का निशाना शेर पर था लेकिन घर से निकलते वक़्त कारतूस लाना भूल गया था।

मैं गुस्से में बन्दूक कन्धे पर रख शेर की तरफ़ बढ़ा। आदमजात को अपने क़रीब आता देख शेर को अटैक हार्ट पड़ गया। मैंने शेर के सीने पर बन्दूक की बट और लातों से हमला किया लेकिन शेर की तीनों नली जाम होने की वजह से शेर मर गया। कतरनिया घाट का ये क़िस्सा आज भी कोई यक़ीन से नहीं मानता। लेकिन बारहसिंगा और शेर की खाल लिये नवाब बालम घर पहुँचते हैं।

15

कुत्तों से सावधान (हास्य)

(एकांकी नाटक)

गर्मियों की बात है। हमारा स्कूल कैम्पस तारों से घिरा था (लेकिन तार कँटीले नहीं थे)। मैं बासकेट बॉल खेल रहा था। तभी मुझे नवीन बुलाने आया। उसने मुझे बताया कि पके हुए दो बेल लगे हैं। मैंने कहा मैच के बाद चल सकता हूँ। नवीन कहने लगा कैसा मैच तुम अकेले लड़कियों के साथ खेल रहे हो। मैंने जवाब दिया ये प्रैक्टिस मैच है, 10 मिनट और चलेगा। मैच जीतकर हम दोनों म्युज़िक रूम के सामने से होते हुए स्कूल कैम्पस से बाहर कूद गये। कर्नल साहब की तख्ती पर लिखा था, ''कुत्तों से सावधान।'' उनकी बाउण्ड्री वाल लगभग 4 फ़ीट ऊँची थी। कर्नल साहब की कोठी बीच में थी। कोठी और बाउण्ड्री वाल के बीच में बेल का पेड़ था। मैंने नवीन से कहा बेल यहीं से तोड़ कर गिरा देते हैं। मेरे पत्थर के एक निशाने से दोनों बेल गिर गये। अब रही बात उठाने की, नवीन चुराने में माहिर था और मुझसे कोई 6 इंच छोटा था। तय हुआ कि बाउण्ड्री पर चढ़कर पेड़ की तरफ़ बढ़ें लेकिन कर्नल साहब के कुत्तों पर नज़र रहे। हम लोग झट बेल तक पहुँच गये। हम लोगों ने बेल उठाया ही था कि कर्नल साहब ने कुत्ते छोड़ दिये। मैंने पलक झपकते ही बेल बाउण्ड्री के बाहर फेंक दिया और दौड़कर छलाँग मारकर बाउण्ड्री क्रॉस कर ली। नवीन बेल लेकर दौड़ा, उसका एक पैर बाउण्ड्री वाल पर ही था

तब तक कुत्ते ने लटके हुए पैर का हिप पकड़ लिया। नवीन चिल्ला रहा था, रो रहा था तभी मेरे पास में पड़ा एक डंडा कुत्ते को मार दिया। उस हिप को कुत्ते ने पूरा नोच डाला था। एक साइकिल वाला रुका तो लेकिन वह कहने लगा यह पुलिस केस है। तभी एक दूसरे साइकिल वाले से मैंने (मैं नर्वस था) कहा इसे साँप ने काट लिया है। वो बोला साँप के काटने से इतना ख़ून, इसका पैर साँप के दुम पर पड़ गया था वो जिदिया गया। अस्पताल में टाँके लगवाकर मैं स्कूल आ गया और वो घर चला गया। एक महीने बाद जब नवीन क्लास में आया तो वो बायीं तरफ़ झुककर बैठता था। तो नमिता ने उसे थप्पड़ मार दिया। अगले दिन से उसको नया आइडिया आया और वो चार रुमाल ले आया। जैसे ही खड़ा होता है एक रुमाल ग़ायब हो जाता है। अन्त तक कोई रुमाल न बचा। टीचर ने कहा मैं तुम्हारी परेशानी समझ रही हूँ तुम अब सामान्य बच्चों के साथ नहीं पढ़ सकते। तुम्हें विकलांगों के स्कूल में जाना होगा। इस बात पर मुझे बहुत गुस्सा आ गया। मैंने अपना ब्रश और पेंट का डिब्बा निकाला और कर्नल साहब के नाम के नीचे लिखे ''कुत्तों से सावधान'' की जगह ''कुत्ते से सावधान' लिख दिया।

16

बैक बेंचर (हास्य)

(मंच पर दीनू, मनु, शीलू, टेंची और मन्त्रनाथ का प्रवेश, सब लोग न्यू कैम्पस को देखकर बड़े हैरान हैं।)

शीलू : बाप रे इतना बड़ा, कितना महँगा होगा यह स्कूल?

मनु : इससे तो अच्छा हमारा OLD CAMPUS ही था।

दीनू : फीस चार गुनी है, टीचर और किताबें वही पुरानी।

शीलू : ना बाबा ना, टाइल्स लगी है तो च्विंगम कहा चिपकाओंगे।

दीनू : चलो अब आये हैं तो एक बार निरीक्षण तो कर लें।

मनु : मैं तो यहाँ पढ़ने से रही।

शीलू : अरे मन्त्रनाथ कुछ तो बोलो? क्यों कि अन्त में डिसाइड तो तुम्हें ही करना है।

मन्त्रनाथ : चलो–चलो अन्दर चलो।

(राउड पूरा होने के बाद)

टेंची : अपना भी कोई स्टेटस है, बैक बेंचर हैं क्या हुआ?

शीलू : वैसे हमारे कोई माथे पर यह तो लिखा नहीं है, लेकिन टेंची तुम्हें परेशानी क्या है?

टेंची : तुम सब तो हो ही, जीनियस। यह बेंच प्लाई बोर्ड की बनी है। अकेले मन्त्रनाथ खडा़ हो जाये तो धड़ाम से टूट जायेगी।

मन्त्रनाथ : देखो, मेरा फैसला है, मैं तो यहाँ पढ़ने से रहा, मैं जनता हूँ। तुम लोग भी नहीं पढ़ोगे।

शीलू : अरे, मन्त्रनाथ तुम भी बुद्धू के बुद्धू रहोगे। लिफ़्ट है, स्वीमिंग पूल है, कैंटीन है, फीस रूम है और पूरा स्कूल Air conditioned है।

मन्त्रनाथ : ठीक है, ठीक है, लेकिन इतनी बड़ी ग़लती की है, इतने बड़े स्कूल में कहीं छुपने की जगह है? क्लास कट करोगे तो छुपोगे कहाँ?

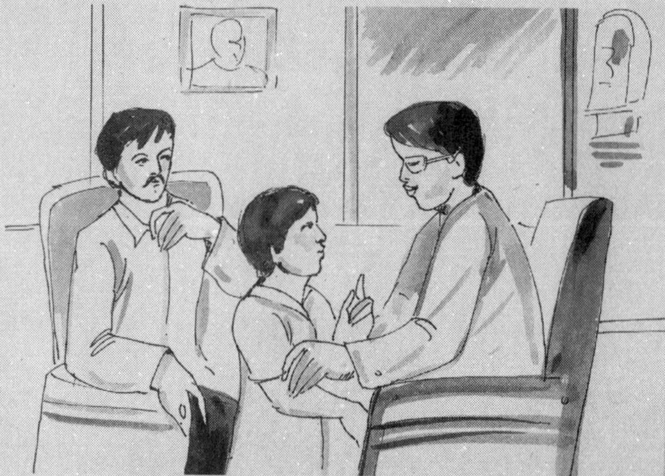

17

मनोबल

मनोयी किसका (डॉ. जितेन्द्र का कक्ष)

डॉ0 जितेन्द्र : जी बताइये!

घनश्याम : ये मेरा बेटा लोकेश है। क्लास में फर्स्ट आता था, अब दो महीने हो गये कमरे से ही नहीं निकलता तो स्कूल क्या जायेगा।

(डॉ. जितेन्द्र लोकेश से बात करते हुए)

डॉ. जितेन्द्र : तुम्हारे पापा कैसे हैं, क्या मारते हैं? इनकी कोई बात जो तुम्हें पसन्द न आती हो?

(लोकेश न में गर्दन हिलाता है)

: देखो लोकेश मुझे गर्दन हिलाकर हाँ या न में जवाब न दो। तुम्हें मालूम है मैं तुम्हारे चन्दन अंकल का दोस्त हूँ। अब बताओ।

लोकेश : पापा मेरे महान् हैं।

डॉ. जितेन्द्र : क्या तुम्हारी माँ तुम्हारा पूरा ख्याल रखती हैं?

लोकेश : डॉ. अंकल मेरे छोटे से छोटे काम भी मम्मी ही करती हैं। मुझे अच्छा नहीं लगता। मेरे सारे कपड़े धो देती हैं।

डॉ. जितेन्द्र : और खाना?

लोकेश : मम्मी तो वर्ल्ड की बेस्ट शेफ हैं।

डॉ. जितेन्द्र : फिर यह बताओ स्कूल में क्या हो गया जो तुम स्कूल नहीं जा रहे हो?

लोकेश : एक बार पापा एक हफ़्ते के लिए ऑफ़िस के काम से दिल्ली गये हुए थे और सर ने होमवर्क दिया था। पाइथागोरस थ्योरम याद करके आना। मुझे वो थ्योरम समझ नहीं आयी और पापा थे नहीं मैं भी केयरलेस हो गया।

डॉ. जितेन्द्र : फिर क्या हुआ?

लोकेश : मैथ्स के मिश्रा सर ने मुझे पाइथागोरस थ्योरम याद न होने पर सबके सामने अपमानित किया जबकि मैं कह रहा था सर कल तक मैं याद कर लूँगा।

(डॉ. जितेन्द्र एक परचा निकालते हैं, लड़के का नाम पूछते हैं और आयु भी, उस पर वो टेबलेट लिखते हैं।)

डॉ0 जितेन्द्र : अब लोकेश की परेशानी आप लोग समझ गये होंगे। स्कूल जाकर मिश्रा जी को सारी बात बता दें। उनके जवाब से लोकेश बिल्कुल ठीक हो जायेंगे। मामूली–सा डिप्रेशन है। ये दवाई दो महीने सुबह शाम लगातार दीजिएगा, बिलकुल ठीक हो जायेंगे।

घनश्याम : सर स्कूल का स्टैंडर्ड बहुत ज़्यादा है। मैं मिश्रा जी से कैसे बात करूँगा?

डॉ. जितेन्द्र : ये बड़े–बड़े स्कूल, बड़े–बड़े कॉलेज चाहे जितना बड़े हो जायें वो स्टूडेंट से बड़े कभी नहीं हो सकते।

दृश्य–2

(टीचर्स रूम)

मिश्रा जी : अरे लोकेश तुम दो महीने से कहाँ ग़ायब हो, मैं रोज़ तुम्हें पूछता हूँ।

घनश्याम : सर कल हम लोग एक डॉक्टर के पास गये थे जहाँ लोकेश ने ये बताया कि जो आपने इसे सबके सामने डाँटा तो इसने अपने कमरे से निकलना बन्द कर दिया, डॉक्टर साहब कहते हैं डिप्रेशन है और आपसे मिल लें।

मिश्रा जी : भई, देखते–देखते ज़माना बदल गया। हम जब पढ़ते थे तो एक ही टीचर सारे विषय पढ़ाता था। मैथ्स में मारने की वजह से उनकी आदत पड़ गयी थी, हर सब्जेक्ट पे मारते थे। बेंत के निशान पड़ जाते थे, लेकिन मेरे स्वाभिमान को ठेस नहीं पहुँची। मुझे ही बदलना होगा।

लोकेश : सर मुझे थ्योरम याद हो गयी है।

मिश्रा जी : आज से तुम सबसे आगे बैठोगे।

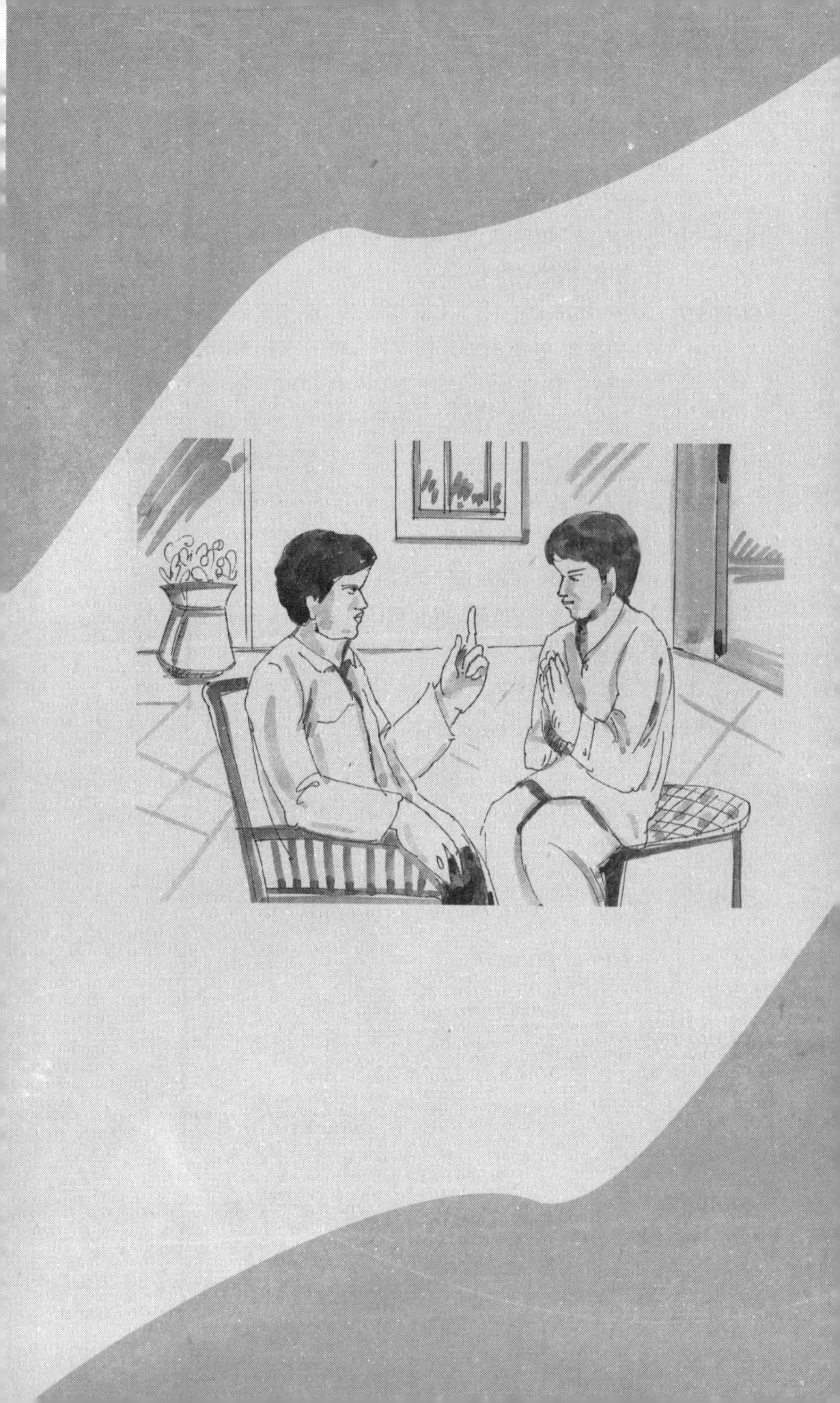

18

दोस्ती भी क्या चीज़ है

(मौलाना अनवर का ड्राइंगरूम आज ख़ाली सा है। मौलाना को गुज़रे तीन दिन हो चुके हैं।)

अंजुम : कासिम मुझे आपसे कुछ बात करनी है।

कासिम : ख़ाली बैठा हूँ। दिमाग़ इधर–उधर नाच रहा है। क्या अच्छा होगा तुम कोई बात छेड़ दो।

अंजुम : मौलाना अब्बु को तो जाना ही था, लोग आते ही हैं जाने के लिए।

कासिम : मौत बरहक (Confirm) है। इस घर से तुम ठहरी डॉक्टर, मैंने तो सिर्फ़ खिदमत की है, तुमने तो इलाज भी किया है।

अंजुम : मौतें तो बहुत देखी हैं मैंने मेडिकल कॉलेज में, लेकिन अपनी ही गोद में मौलाना अब्बु की घटती हुई साँसों का कभी तसव्वुर ही नहीं किया था। आखिर उनकी नब्ज़ ने काम करना बन्द ही कर दिया।

कासिम : 9 अप्रैल को अच्छे–ख़ासे थे। थोड़ा खाँसी और बुख़ार था।

अंजुम : 70 साल की उम्र में खाँसी–जुख़ाम तो मामूली–सी बात है। बुख़ार का आना कोई बड़ी बात थोड़ी थी।

कासिम : लेकिन बड़ी बात थी कि मौलाना अब्बु कोरोना

पॉजिटिव हो गये। दवाई और गैस के सिलेंडर, इंजेक्शन रेमेडिसिवर मेरठ के बेगम पुल पर मानो नीलामी हो रही हो। मेरे जिन दोस्तों को तुम लोग निकम्मा कहते हो, आख़िर वही काम आये।

अंजुम : तीन दिन से लगातार दिल्ली ले जाने के लिए मैं कह रही थी। वहाँ सिलेंडर और बेड का इन्तिज़ाम मेरी एक डॉक्टर दोस्त ने कन्फर्म किया था। अब्बु माने नहीं

कासिम : चौथे दिन पता नहीं कौन मौलाना अब्बु के कान में फूँक गया उन्होंने रट लगायी कि दिल्ली ले चलो।

अंजुम : ताज्जुब तो मुझे भी हुआ था लेकिन ख़ुशी की एक उम्मीद जगी थी। उन्हें कार में पीछे लिटाकर मैंने उनका सिरहाना गोद में ले लिया था।

(थोड़ी देर में हमारी कार ग़ाज़ियाबाद पहुँच गयी)

अंजुम : अब्बु ग़ाज़ियाबाद आ गया है *(इतना कहने पर आँखें खोलीं और कहा)* ज़रा शर्माजी के यहाँ रोक लेना।

कासिम : शर्माजी से मिलने में वक़्त ही ख़राब होगा।

अंजुम : कासिम अब अब्बु की किसी भी बात के लिए मना मत करना।

(कासिम ने गाड़ी शर्माजी की पान की गुमटी पर लगा दी।)

अंजुम : मुझे याद है।

(विंड स्क्रीन नीचे करते हुए शर्माजी ने उन्हें पान दिया, वो पान मास्क को नीचे करके खाने लगे।)

कासिम : मौलाना अब्बु ने उन्हें एक बन्द लिफ़ाफ़ा दिया था।

अंजुम : अरे हाँ शर्माजी की पान की गुमटी हम लोगों की पहली फैक्ट्री के आमने–सामने हैं।

कासिम : मौलाना अब्बु ने शर्माजी से धीरे से कान में कहा था इस कागज़ को सँभाल के रखना और अपनी बेटी

से कह देना शायद मैं उसकी शादी में न आ पाऊँ। तुम्हें मालूम है इस लिफ़ाफ़े में क्या था?

अंजुम : *(हम जो दिल्ली की ओर बढ़ रहे थे)* मैंने कासिम से कहा मौलाना अब्बु नहीं रहे। गाड़ी घर के लिए वापस मोड़ लो।

अंजुम : आने जाने वाले लोगों की वजह से मैंने ग़ौर नहीं किया लेकिन हाँ मेरे हिसाब से उस लिफ़ाफ़े में मौलाना अब्बु ने रुपये से कुछ मदद की होगी।

(बाहर से बेल की आवाज़ आती है। कमरे में शर्माजी का प्रवेश, उनके ऊपर वाली जेब में वही लिफ़ाफ़ा रखा है। शर्माजी कासिम के गले लगकर फूट–फूटकर रोते हैं।)

शर्माजी : मैं तो सोच रहा था मौलाना दिल्ली में ही होंगे। मैं तो ये लिफ़ाफ़ा बेटा तुम्हें देने आया था। मुझे सड़क पर मुड़ते ही साथ में दुकानदार ने सब कुछ बता दिया।

कासिम : ये लिफ़ाफ़ा आप क्यों वापस कर रहे हैं?

शर्माजी : बेटा मौलाना साहब मेरे बहुत ख़ास दोस्त थे। पिछले 40 साल से कई बार सोचा गुमटी हटा दूँ लेकिन मौलाना के दो लफ़्ज़ सुनने के लिए मैं इन्तिज़ार करता रहता था।

कासिम : जानती हो अंजुम, ये मौलाना अब्बु की वसीयत है जिसके हिसाब से उनके बाद ये फैक्ट्री शर्माजी जी को हैंडओवर कर दी जाये।

(शर्माजी को कुर्सी पर बिठाते हुए कासिम)

सबसे पहले तो आप मुझे माफ़ कीजिएगा, मैं आपकी मौलाना अब्बु की और पान की दोस्ती को कभी समझ ही न पाया।

अंजुम : अंकल ये अब्बु का फ़ैसला है। इसे कोई भी बदल नहीं सकता। हाँ जब भी मेरठ आयें तो इसे अपना ही घर समझिएगा।

19

गोलमेज सम्मेलन (प्रथम)

साइमन : *(मई 1930)* मिस्टर प्राइम मिनिस्टर ये साइमन आयोग यानी मेरी जाँच रिपोर्ट है।

प्रधानमन्त्री (रामसे मैकडोनॉल्ड) : साइमन आपको इंडिया में ब्रिटिश हुकूमत का फ्यूचर क्या दिखता है?

साइमन : हालात पहले जैसे नहीं हैं। गाँधी ने कई आन्दोलन किये लेकिन दांडी यात्रा जिसमें गाँधी के साथ हजारों लोगों जिनमें महिलाएँ, जवान, बूढ़ों ने 340 किमी. की यात्रा कर सविनय अवज्ञा कर समुद्र के पानी से नमक बनाया जिसका संचालन कांग्रेस कर रही थी।

प्रधानमन्त्री : तुम ये कहना चाह रहे हो साइमन कि यदि सालों तक राज करना है तो हमें छूट भी देनी पड़ेगी।

साइमन : मुझे उम्मीद है कि प्रान्तीय चुनाव से फ़र्क़ पड़ेगा।

प्रधानमन्त्री : साइमन तुम तजुर्बे में बहुत कम हो। हमने उपनिवेशों के बीच फूट डालो और राज करो कि नीति अपनायी है।

साइमन : सर दूसरे हॉल में गोलमेज सम्मेलन में आपका इन्तिज़ार हो रहा है।

(दोनों कक्ष से बाहर चले जाते हैं। स्टेज पर 8 कुर्सियाँ और उनके बीच में मेज पड़ी है। सभी भारत से आये नेता मौजूद हैं। महामहिम जॉर्ज पंचम और प्रधानमन्त्री रामसे मैकडोनॉल्ड के साथ प्रवेश, सभी खड़े हो जाते हैं।)

महामहिम : मैं इस गोलमेज सम्मेलन का उद्घाटन और भारत से आये सभी सदस्यों का स्वागत करता हूँ।

प्रधानमन्त्री : देखिये हम आप सबको अपनी ही प्रजा मानते हैं। महामहिम के अन्तर्गत जो अध्ययन हुआ है उसके अनुसार हम भारतवासियों के लिए एक घोषणा करना चाहते हैं कि एक अखिल भारतीय महासंघ की भारत को आवश्यकता है जिसमें आप सब मिलकर रहें और सत्ता में आपकी आधी भागीदारी भी रहे। अब आप एक–एक कर अपनी बात रखें।

गैरी : मैं ब्रिटिश नागरिक हूँ लेकिन भारतीय कांग्रेस का सदस्य हूँ। मैं यह बताने आया हूँ कि कांग्रेस इस सम्मेलन के समर्थन में है लेकिन सविनय अवज्ञा आन्दोलन में हमारे अधिकतर नेता जेल में हैं। इस कारण सम्मेलन में चाहकर भी सम्मिलित नहीं हो रहे हैं।

(गैरी सभा से जाते हुए)

मो. अली जिन्ना (मुस्लिम लीग) : हमारी पार्टी मुस्लिम लीग आप द्वारा सुझाये गय संघ के विरोध में है। सत्ता न मिलने की सूरत में हम धर्म के आधार पर विभाजन चाहते हैं। हमें नया मुल्क पाकिस्तान चाहिए।

एम. आर. जैकर (हिन्दू महासभा) : सर अगर जिन्ना चाहते हैं तो हमें कब इन्कार है। मुसलमान अलग हो जायें।

सर तेजबहादुर सप्रू (उदारवादी) : जिन्ना साहब आपकी ये दो राष्ट्र की माँग हमें स्वीकार नहीं है। यहाँ गाँधीजी नहीं हैं इसका ग़लत फ़ायदा मत उठायें।

कैलाश नारायण हक्सर (दीवान ग्वालियर) : सर मैं आपसे सभी भारतीय राजे–रजवाड़ों की ओर से स्पष्ट कर दूँ कि हमारी सम्पत्ति और क्षेत्र किसी भी राजनीतिक पार्टी के अधीन नहीं है। हम कांग्रेस समेत हिन्दू महासभा व मुस्लिम लीग का समर्थन नहीं करते।

बी.आर. अम्बेडकर : सर मैं स्वयं लन्दन, शिकागो, फ्रांस और जर्मनी से 26 डिग्रियाँ प्राप्त कर चुका हूँ। नाम को हम हिन्दू हैं लेकिन हिन्दू हमें अछूत मानता है। हम इनके तालाब और कुएँ से पानी नहीं ले सकते, मन्दिर में प्रवेश नहीं कर सकते। अगर भूल से हमारे जानवर इनके दरवाज़े के सामने से गुज़र जाते हैं तो इनकी लाठियाँ हमारे खानदान पर बरस जाती हैं। जबकि लन्दन में पीएच.डी. करते वक़्त मेरे कमरे का साथी एक देश का राजकुमार था। इसलिए हमें अलग राजनीतिक प्रतिनिधित्व दिया जाये, यह वास्तव में दलितों पर उपकार होगा। हमें अनदेखा नहीं किया जा सकता।

(सभा समाप्त होने पर प्रधानमन्त्री रामसे मैकडोनॉल्ड का प्रस्थान)

20

गाँधी-इरविन समझौता

(नयी दिल्ली, मार्च 5, 1931)

(मंच पर वाइसराय इरविन और लेफ्टिनेंट गवर्नर जॉन सैमुअल बात करते हुए)

जॉन सैमुअल : लॉर्ड क्या हम इन काले लोगों को ज़रूरत से ज़्यादा तवज्जो नहीं दे रहे हैं।

इरविन : मिस्टर सैमुबल तुम्हें अभी वक़्त लगेगा यह समझने के लिए कि ब्रिटिश हुकूमत क्या सोचती है। अगर गाँधी और कांग्रेस दूसरे गोलमेज सम्मेलन में नहीं गये तो हम विफल हो जायेंगे। इसलिए गाँधी–इरविन समझौता करना ही पड़ेगा।

(मंच पर गाँधी जी और तेज बहादुर सप्रू की वार्ता)

तेजबहादुर सप्रू : बापू अगर आप चाहें तो सर इरविन को भगत सिंह...

गाँधीजी : देखो सप्रू मैंने भी बहुत–सी यातनाएँ झेलीं, वर्षों जेल में रहा, भूख–हड़ताल से अंग्रेज़ टूटे लेकिन मैंने न क्षमा माँगी न हिंसा की।

तेजबहादुर सप्रू : अच्छा ठीक है। अब दोबारा नहीं कहूँगा।

गाँधीजी : मैं देश की इच्छा को समझ सकता हूँ। मैंने चौरी–चौरा की हिंसा के बाद 'असहयोग आन्दोलन' वापस लिया, मैं कोई महात्मा नहीं। मैं मोहनदास करमचन्द गाँधी हूँ जो अहिंसा का समर्थक और हिंसा का विरोधी है, बस!

(पानी पीते हुए)

तेजबहादुर सप्रू : ठीक है। यही सही है।

गाँधी जी : ब्रिटिश सरकार पहली बार कांग्रेस के सामने झुकी है। हमसे समानता के आधार पर समझौता कर रही है। इससे एक बड़ा लक्ष्य प्राप्त हो रहा है।

(मंच पर महात्मा गाँधी और वाइसराय लॉर्ड इरविन, दो डायरियों पर दोनों अलग–अलग हस्ताक्षर कर तेजबहादुर सप्रू और लेफ्टिनेंट गवर्नर जॉन स्टुअर्ट को देते हैं जिसे दोनों माइक पर पढ़ते हैं।)

तेजबहादुर सप्रू : *(पढ़कर बोलना है)* ब्रिटिश सरकार हिंसा के आरोपियों को छोड़कर शेष सभी राजनीतिक बन्दियों को तत्काल रिहा करती है। भारतीयों को समुद्र किनारे नमक बनाने का अधिकार दिया जाता है। भारतीय शराब एवं विदेशी कपड़ों की दुकानों के सामने धरना दे सकते हैं। आन्दोलन के दौरान त्याग–पत्र देने वालों को उनके पदों पर पुनः बहाल किया जाता है। आन्दोलनकारियों की ज़ब्त सम्पत्तियाँ वापस की जायेंगी। 90,000 क़ैदी जेलों से रिहा हो जायेंगे।

जॉन स्टुअर्ट : *(पढ़कर बोलना है)* सविनय अवज्ञा आन्दोलन (Civil Disobedience Movement) स्थगित कर दिया जायेगा। कांग्रेस द्वितीय गोलमेज सम्मेलन में भाग लेगी। कांग्रेस ब्रिटिश सामान का बहिष्कार नहीं करेगी। गाँधी जी पुलिस की ज़्यादतियों की जाँच की माँग छोड़ देंगे।

21

गोलमेज सम्मेलन (द्वितीय)

(सितम्बर–दिसम्बर 1931)
(गाँधी–इरविन समझौते के तहत गाँधी जी के नेतृत्व में कांग्रेस समूह दूसरे गोलमेज सम्मेलन में शामिल होने के लिए लन्दन पहुँच गयी जहाँ गाँधी जी का भव्य स्वागत हुआ। गाँधी जी की एक झलक के लिए लन्दनवासी घण्टों खड़े रहे।)

रामसे मैकडोनल्ड : मैं महामहिम जॉर्ज पंचम और ब्रिटिश सरकार की ओर से आप सभी दलों और प्रतिनिधियों का इस दूसरे गोलमेज सम्मेलन का मुख्य उद्देश्य ब्रिटिश भारत को एक महासंघ बनाना चाहते हैं और साथ में हम राजनीतिक बदलाव कर भारत को समृद्ध बनाना चाहते हैं।

गाँधी जी : मेरे प्रधानमन्त्री मित्र रामसे मैकडोनॉल्ड को मैं यह बता दूँ कि अखिल भारतीय कांग्रेस कमेटी पूरे भारत का प्रतिनिधित्व करती है। मुझे विश्वास है कि आप कांग्रेस पर भरोसा करते हुए कांग्रेस को आगे काम करने देंगे।

मदनमोहन मालवीय : प्रधानमन्त्री महोदय, आपको विश्वास करना होगा कि गाँधी–इरविन समझौता कर लन्दन पहुँचने का हमारा उद्देश्य बापू आपको समझा चुके हैं।

जिन्ना : जनाब प्रधानमन्त्री मैं यह स्पष्ट कर देना चाहता हूँ कि मुस्लिम लीग गाँधी जी के बताये कांग्रेसी प्रतिनिधित्व से सहमत नहीं है। मुसलमानों का प्रतिनिधित्व मुस्लिम लीग करती है।

महाराजा ऑफ बीकानेर : माननीय प्रधानमन्त्री जी, मैं भारत की विभिन्न रियासतों की ओर से बता देना चाहता हूँ कि न तो हमने किसी राजनीतिक दल को मान्यता दी है और न ही हम अपनी अधिकार क्षेत्र की भूमि पर कांग्रेस या किसी दल को मान्यता देते हैं। हमें अपना राजघराना, सम्पत्ति और क्षेत्र चाहिए।

एम.आर. जैकर : माननीय प्रधानमन्त्री जी, मैं हिन्दू महासभा से हूँ और भारत हम हिन्दुओं का देश है। हम अखिल भारतीय कांग्रेस और मुस्लिम लीग दोनों ही दलों का विरोध करते हैं। हम 5000 साल से इस देश पर हुकूमत कर रहे थे और आगे भी करेंगे।

बी.आर. अम्बेडकर : ऑनरेबल प्राइम मिनिस्टर, मैंने अपने जीवन में शिकागो, लन्दन, फ्रांस और भारत समेत अपने अध्ययन के विशेषकर वित्त क़ानून आदि में महारत हासिल कर 26 डिग्रियाँ हासिल की हैं। मैं जब शिकागो में पीएच. डी. कर रहा था तब मेरा रूम पार्टनर जो मेरे साथ तीन वर्ष रहा, वो एक देश की

रॉयल फैमिली का राजकुमार था। बड़ा घनिष्ठ मित्र है। जब मैं तमाम डिग्रियों से लैस होकर ब्रिटिश भारत पहुँचता हूँ तो एकदम से मैं अछूत हो जाता हूँ। हमारी बस्तियाँ अलग, हम इनके कुएँ से पानी नहीं ले सकते। इनके साथ मन्दिर नहीं जा सकते तो हमारा प्रतिनिधित्व कांग्रेस कभी कर ही नहीं सकती। मैं एक बार फिर कह दूँ कि हम दलितों का प्रतिनिधित्व कांग्रेस नहीं हम ख़ुद करते हैं।

प्रधानमन्त्री : इतने मतभेदों के बाद गाँधी जी यह समझ में आया कि आपके देश में कम्युनल हारमोनी नहीं है। इतनी हेटरेट के बीच में यह गोलमेज सम्मेलन बिना उद्देश्य के समाप्त होता है।

22

पूना पैक्ट

(सितम्बर 24, 1932)

(मंच यरवदा जेल, जहाँ गाँधी जी बैठे अख़बार पढ़ रहे हैं। तभी पण्डित मदन मोहन मालवीय और राजेन्द्र प्रसाद का प्रवेश)

राजेन्द्र प्रसाद : बापू आपको जिस बात की चिन्ता थी, अंग्रेज़ों ने वैसा ही कर दिया।

मालवीय : गोलमेज सम्मेलन में अम्बेडकर के प्रस्ताव पर प्रधानमन्त्री रामसे मैकडोनॉल्ड ने कम्युनल अवार्ड की घोषणा की है।

गाँधी जी : मुझे भी सूचना मिल चुकी है अंग्रेज़ मेरे लिए सुबह एक अख़बार दे देते हैं। तो अब दलितों को दो वोट का अधिकार मिल गया। अम्बेडकर ने प्रधानमन्त्री को संतुष्ट कर दिया। असल में ये आज़ादी को टालने का प्रयास है।

राजेन्द्र प्रसाद : अब एक वोट से दलित अपना प्रतिनिधि चुनेंगे और दूसरे वोट से सामान्य वर्ग को चुनेंगे।

गाँधी जी : इसका मतलब उम्मीदवार भी दलित वर्ग का और मतदाता भी केवल दलित।

मालवीय : जबकि बापू आपने लिखित तौर पर प्रधानमन्त्री से इसका विरोध किया था।

गाँधी जी : अब जबकि कोई हल नहीं निकल रहा तो सोच रहा हूँ कि मैं अभी से आमरण अनशन पर चला जाऊँ।

राजेन्द्र प्रसाद : नहीं बापू आपको ऐसा व्रत करने की कोई आवश्यकता नहीं। आपका स्वास्थ्य पहले ही ठीक नहीं है। हम दोनों अम्बेडकर जी को समझाने की पूरी कोशिश करेंगे।

गाँधी जी : तुम लोग मेरे लिए परेशान न हों और अम्बेडकर को समझाना बड़ा मुश्किल है जबकि बाज़ी उनके हाथ में है।

(राजेन्द्र प्रसाद और मदन मोहन मालवीय का प्रस्थान, गाँधी जी लेटे हुए हैं। अनशन के 4 दिन हो गये हैं तभी राजेन्द्र प्रसाद और मदन मोहन मालवीय का प्रवेश)

राजेन्द्र प्रसाद : बापू अब अनशन की आवश्यकता नहीं है। अभी अम्बेडकर जी आते ही होंगे समझौते पर हस्ताक्षर करने के लिए।

मालवीय : अपना व्रत तोड़ दें और जल ग्रहण करें।

गाँधी जी : तुम लोग मेरे लिए इतनी चिन्ता मत करो, मैं अम्बेडकर जी के आने का इन्तिज़ार करूँगा।

(बी.आर. अम्बेडकर का प्रवेश)

अम्बेडकर : गाँधी जी आपके अनशन के कारण लोगों ने मुझ पर बहुत दबाव डाला है। आपका जीवन अगर दलितों के बलिदान से जाता हो तो मैं सहमत हूँ।

राजेन्द्र प्रसाद : बापू इस समझौते में जो कम्युनल अवार्ड यानी पृथक् निर्वाचन का अधिकार अम्बेडकर जी

छोड़ते हैं, संयुक्त निर्वाचन *(जैसा कि आजकल है)* पद्धति को स्वीकारा गया है। लेकिन इसके फलस्वरूप कम्युनल अवार्ड की 71 आरक्षित सीटों की बजाय 148 आरक्षित सीटें होंगी। साथ ही अछूतों को हर प्रान्त में शिक्षा अनुदान की पर्याप्त राशि नियत होगी।

मालवीय : सरकारी नौकरियों में बिना किसी भेदभाव के दलितों की भर्ती सुनिश्चित की जायेगी। अब आप दोनों इस पर हस्ताक्षर कर दें, जिसे पूना पैक्ट कहा जायेगा।

(पूना पैक्ट पर हस्ताक्षर करने के बाद राजेन्द्र प्रसाद गाँधी जी को जूस पिलाते हैं)

अम्बेडकर : गाँधी जी मैंने पूना पैक्ट पर आँखों में आँसू भरकर हस्ताक्षर तो कर दिये ताकि विवाद समाप्त हो लेकिन अछूतों को राजनीतिक अधिकार से वंचित करने वाला और हमारी माँगों से पीछे हटने का दबाव डालने के लिए मैं आप के आमरण अनशन को एक नाटक करार देता हूँ।

23

समाज सुधारक सर सय्यद अहमद ख़ाँ

जन्म : अक्टूबर 17, 1817, नई दिल्ली
देहान्त : मार्च 27, 1898, अलीगढ़
शिक्षा : ईस्ट इंडिया कॉलेज
ए.एम.यू. की स्थापना : 1920, केन्द्रीय दर्जा सन् 1921 में मिला। इसे कैम्ब्रिज विश्वविद्यालय की तर्ज़ पर मान्यता प्राप्त है।

दृश्य–1

(दो लड़के मंच पर मुस्लिम लिबास पहने हुए)

व्यक्ति–1 : सर सय्यद अहमद मुर्दाबाद!

व्यक्ति–2 : ब्रिटिश हुकूमत मुर्दाबाद!

(उसी बीच सर सय्यद अहमद का मंच पर प्रवेश)

सर सय्यद : आप लोग मेरे कामों और इरादों के लिए फ़तवा जारी करें चाहे मुझे अंग्रेज़ों का पैरोकार बतायें, लेकिन जरा मेरे कामों पर नज़र डालें। मैंने मुरादाबाद में पहले मदरसा खोला। फिर 1859 में गुलशन स्कूल खोला, 1863 में गाज़ीपुर में विक्टोरिया स्कूल खोला। 1875 में मोहम्मडन एंग्लो ओरिएंटल कॉलेज की स्थापना की। बड़ी अजीब बात है कि अपनी जिस मुहिम से

हिन्दू भाइयों ने तो मान लिया, जो चाहे मुझे नाम दो कोई परवाह नहीं, अपनी औलादों पर रहम खाओ, स्कूल भेजो। नहीं तो पछताओगे। मैंने चंदे के लिए चादर फैला दी है। आप साहेबान इंगलिश, मैथ्स और साइंस की तालीम के लिए चंदा दें।

दृश्य–2

(सर सय्यद की कल्पना में मंच पर प्रवेश)

सर सय्यद : मैं तो 1898 में ही इस दुनिया से अपने अरमानों को आँखों में सजाये रुख़्सत हो गया था। लोग मुझे अंग्रेज़ों का साथी मानते थे, मैं तो ब्रिटिश हुकूमत की नौकरी दिल्ली से करते हुए उप न्यायाधीश बनारस में बन गया था। इस दरमियान बी.एच.यू. के साथ ही इंग्लैंड में कैम्ब्रिज और ऑक्सफोर्ड यूनिवर्सिटी को देखकर मैं बहुत प्रभावित हुआ और उस सब को पूरा करने के लिए 1920 तक का इन्तिज़ार करना पड़ा जब अलीगढ़ मुस्लिम यूनिवर्सिटी ने 1921 में संवैधानिक रूप ले लिया। मैं उन तमाम साथियों और ऑक्सफोर्ड यूनिवर्सिटी के नौजवानों का शुक्रिया अदा करता हूँ जिन्होंने ए.एम.यू. की पहली ईंट रखी। साथ ही मैं राजा महेन्द्र प्रताप सिंह का आभारी हूँ जिन्होंने 93.41 एकड़ ज़मीन देकर हिन्दुस्तान की नयी पौध पर अहसान किया।

(मंच से सर सय्यद अहमद की वापसी)

दृश्य–3

(20 फरवरी, 1949 को मंच पर फूलमाला लेकर अतिथि का इन्तिज़ार। मौलाना अबुल कलाम

आज़ाद का मंच पर प्रवेश। उन्हें माल्यार्पण किया जाता है। हॉल में ज़ोरदार तालियाँ,

उद्घोषक : मैं मुल्क के पहले शिक्षा मन्त्री जनाब मौलाना अबुल कलाम साहब को माइक पर बुलाता हूँ।

मौलाना आज़ाद : हॉल में मौजूद वाइस चांसलर साहब तमाम ज़हीन प्रोफ़ेसर और लेक्चरर, हमारी नौजवान पीढ़ी का मैं इस अहम मौक़े पर मुझे बुलाने के लिए आप सबका शुक्रगुज़ार हूँ। पिछली सदी में सर सय्यद अहमद ख़ाँ का हमारे देश और देशवासियों पर अहसान है कि उन्होंने तब अलीगढ़ मुस्लिम यूनिवर्सिटी का तसव्वुर कर लिया था। इसे आप लोग और आगे बढ़ायें। मैं बतौर एजुकेशन मिनिस्टर यह वादा करता हूँ कि सरकार भरसक कोशिश कर मदद करेगी। *(हाल में जोरदार तालियाँ)* मैं आप लोगों को ये भी बता दूँ कि सर सय्यद अहमद के लिए गाँधी जी के क्या विचार थे। उन्होंने कहा शिक्षा जगत के सर सय्यद अहमद आधुनिक पैगम्बर हैं। पं. नेहरू जी जब ए.एम.यू. आये थे तो उन्होंने आपकी तंज़ीम को गंगा–जमुनी तहजीब माना था।

24

खेड़ा आन्दोलन (फरवरी 1918)

(मंच पर किसानों का विलाप, तभी गाँधी जी और पटेल का प्रवेश)

गाँधी जी : मुझे मालूम चला है कि तुम लोग कष्ट में हो। मुझे पूरा विवरण विस्तार से बताओ।

किसान–1 : गाँधी जी पूरे साल बारिश नहीं हुई। पानी का इन्तज़ाम नहीं है। फ़सल चौथाई भी नहीं हुई।

महिला–1 : अब गाँधीजी ऐसे में लगान कहाँ से दें?

किसान–1 : लेकिन सरकार बात सुनने को तैयार नहीं है। मवेशी और बच्चे भूखे हैं। बताइये हम लोग क्या करें?

महिला–1 : हम किसानों की सारी कोशिश और प्रार्थनाएँ बेकार हो गयी हैं गाँधी जी। आप महापुरुष हैं आप ही कोई रास्ता बताइये।

गाँधी जी : देखिये इस नौजवान को, ये वल्लभभाई पटेल हैं। अपनी चलती हुई वकालत आप लोगों के लिए छोड़कर आये हैं। यहाँ सत्याग्रह होगा 'खेड़ा आन्दोलन' के नाम से। मुझे आज्ञा दीजिए, मुझे देशाटन पर जाना है। वल्लभ भाई आपको सब बतायेंगे।

(गाँधी जी का प्रस्थान)

पटेल : किसान भाइयों और बहनों, सत्याग्रह से हमें कोई लगान नहीं देना है। फिर चाहे वो किसान छोटा हो या बड़ा ही क्यों न हो। और बदले में अंग्रेज़ हमसे ज़मीन, मवेशी और सामान ज़ब्त कर सकते हैं। लेकिन हमें आन्दोलन को अहिंसात्मक बनाना है कोई हिंसा न हो। *(एक रजिस्टर दिखाते हुए)* हर किसान को इस प्रतिज्ञा–पत्र पर हस्ताक्षर करने होंगे।

(अंग्रेज़ों ने खेत, मवेशी और दूसरे सामान ज़ब्त करना शुरु कर दिये।)

किसान–1 : पटेल जी ये तो बेजा खेतों को भी कुर्क कर रहे हैं।

पटेल : मोहनलाल जिस पर अंग्रेज़ ग़लत कुर्की कर रहे हैं उनकी फ़सल उखाड़ लाओ।

(जब मोहनलाल आगे बढ़ा तो अंग्रेज़ों ने उसे गिरफ्तार कर लिया)

पटेल : आप इन्हें गिरफ़्तार नहीं कर सकते, गोली चलाने और जेल भेजने की धमकी किसी और को दीजिएगा। मैं क़ानून आपसे ज़्यादा जानता हूँ।

ब्रूमफील्ड : हम देख रहे हैं कितना क़ानून जानते हो।

पटेल : मैं लन्दन से वकालत पढ़कर आया हूँ। अपनी सारी ताकत आजमा लो।

मैक्सवेल : ठीक है, हम लगान वसूलना बन्द कर रहे हैं।

(गाँधी जी ज़िन्दाबाद, पटेल ज़िन्दाबाद और सत्याग्रह ज़िन्दाबाद)

25

बारदोली सत्याग्रह (जून 1928)

दृश्य–1

(मंच पर तीन व्यक्ति बैठे हैं। तीनों वकील हैं और अहमदाबाद कोर्ट में अपना कचेहरी का काम कर रहे हैं। एडवोकेट वल्लभभाई पटेल समाचार पढ़ रहे हैं।)

वकील–1 : क्या पढ़ रहे हो पटेल?

पटेल : समाचार है कि बारदोली में अंग्रेज़ों की बहुत ज़्यादती हो रही है और किसान वर्ग बहुत नाराज़ है।

वकील–3 : आज कोई काम नहीं है और कल कचहरी बन्द रहेगी क्यों न हम लोग बारदोली चलें।

(तीनों बारदोली के लिए निकल पड़ते हैं)

दृश्य–2

(कुछ किसान औरतें और आदमी खेतों पर बैठे हैं। उनसे पटेल की वार्तालाप)

पटेल : मैं वल्लभभाई पटेल, हम तीनों वकील हैं।

वकील–3 : अरे वल्लभ तो लन्दन में वकालत पढ़कर आये हैं।

वकील–1 : हम सब गाँधी जी को अपना आदर्श मानते हैं। आप लोगों की समस्या क्या है?

किसान : अब क्या बताऊँ, सब कुछ ठीक चल रहा था। इस अंग्रेज़ी हुकूमत ने हमारी लगान 30 प्रतिशत बढ़ा दी है।

पटेल : आप लोग परेशान न हों। हम सब साथ हैं। आप लोग साथ जाकर किसानों को बुला लाइये। हम गाँधी जी के सत्याग्रह के बताये रास्ते पर चलेंगे, आन्दोलन का नाम होगा बारदोली सत्याग्रह।

(किसानों की भीड़ मंच तक आती है। अंग्रेज़ नियामक अधिकारी बूमफील्ड और राजस्व अधिकारी मैक्सवेल से वल्लभभाई पटेल की वार्ता)

पटेल : आप लोगों ने लगान 6.03 प्रतिशत से सीधे 30 प्रतिशत कर लगा दिया है। सारे किसान इसका विरोध कर रहे हैं। हम सबने तय किया है लगान जमा नहीं करेंगे।

बूमफील्ड : हम लोग तुम लोगों को जेल भेजेंगे, गोली भी चल सकती है।

पटेल : हम जेल जाने को तैयार हैं और गोली भी खाने को तैयार हैं लेकिन लगान नहीं देंगे।

(बूमफील्ड और मैक्सवेल आपस में बात करते हुए)

मैक्सवेल : ओके मिस्टर पटेल You may have to pay 6.03% as old it was.

(मैक्सवेल लिखित में आदेश देते हैं फिर बारदोली के किसान पटेल को कन्धे पर बिठा लेते हैं और उसी स्थान पर खड़ी महिएँ, वल्लभभाई को सरदार का ख़िताब देती हैं।)

(सरदार वल्लभ भाई पटेल के नारे)

26

चिढ़ना मना है (हास्य)

(कॉलोनी के मैदान में दो लड़के आपस में बहस कर रहे हैं और गुत्थम–गुत्थी कर रहे हैं। तभी एक अंकल का प्रवेश)

अंकल : बच्चों तुम लोग लड़ क्यों रहे हो, ऐसी क्या बात हो गयी है?

ओम : अंकल आप रहने दीजिए, ये हम दोनों का मामला है। आप बीच में न पड़िए।

हरिओम : अच्छा, अंकल जब सही बात करेंगे तो तुम चाहते हो कि वो बोले ना!

ओम : अंकल खुद गुस्सा हो जायेंगे, बताना चाहो तो बता दो।

अंकल : देखो मैं बहुत शान्त स्वभाव का हूँ। तुम लोग मुझसे अपनी प्रॉब्लम शेयर कर सकते हो। बताओ बेटे क्या बात है?

हरिओम : अंकल ये ओम बड़ा शैतान है, ये मुझे चिढ़ाता है अब बताइये मैं क्या करूँ?

(ओम दोनों हाथ बाँधकर मुस्कुराते हुए)

अंकल : देखो जीवन में अगर कोई भी चिढ़ाये तो इसका आसान रास्ता है कि चिढ़ो मत।

ओम : अंकल हरिओम से मैं यही कहता हूँ कि तुम चिढ़ते क्यों हो, लेकिन ये इतना चिढ़ जाता है कि लड़ने लगता है। कहता है चिढ़ाने से चिढ़ आ ही जाती है।

अंकल : लेकिन तुम बेटे कभी चिढ़ना मत, एक बार की बात है महात्मा...

हरिओम : अंकल अभी आपको कोई चिढ़ाये तो आप चिढ़ेंगे नहीं।

अंकल : *(तेवर बदलते हुए)* मैं क्यों चिढ़ूँगा, मैं किसी सूरत में नहीं चिढ़ने वाला।

ओम : अच्छा आदरणीय अंकल, अगर कोई आपको कुल्हड़ कह दे तो आप चिढ़ेंगे नहीं।

अंकल : मैं क्यों चिढ़ूँगा, और कुल्हड़ से मेरा क्या वास्ता?

हरिओम : देखा अंकल, आपकी शक्ल बता रही है कि आप चिढ़ गये, लेकिन आपका मानना है कि कुल्हड़ से आप नहीं चिढ़ते।

अंकल : तुम लोग जानते हो कि मैं कॉलोनी का प्रेसिडेंट हूँ। तुम लोग भाग जाओ, वरना मैं डॉक्टर भी हूँ तुम लोगों को सुई लगा दूँगा।

ओम : हरिओम रहने दो वरना अंकल सर के बाल नोचने लगेंगे, चलो चला जाये।

अंकल : इस तरह किसी का अपमान करो, ये कोई बात होती है। तुम लोग अपना पता दो मैं तुम्हारे बाप से शिकायत करूँगा।

(ओम, हरिओम हँसते हुए कहता है) पता?

(दोनों अपनी उँगली से कुल्हड़ बनाकर दिखाते हैं)

हरिओम : अंकल आप आज 99वें हो गये, देखते हैं कल किसकी बारी।

(भाग जाते हैं)

27

अंग्रेज़ों भारत छोड़ो

(8 अगस्त 1942, ताड़देव, बम्बई)
(मंच पर सभी नेता बैठे हैं। पार्क और सड़क पर जनता खड़ी है। अंग्रेज़ सिपाही कड़ी निगरानी कर रहे हैं।)

सुचेता कृपलानी : हमारा सौभाग्य है कि गाँधी जी स्वयं अपने योग्य व कर्मठ नेताओं के साथ मौजूद हैं। आज गाँधी जी के प्रस्ताव 'अंग्रेज़ों भारत छोड़ो' पर विचारबिन्दु रहेगा। मैं सबसे पहले भारत की कोकिला जो बंगाल और दक्षिण भारत का नेतृत्व कर रही हैं। सरोजिनी नायडू को आमन्त्रित करूँगी।

सरोजनी नायडू : आदरणीय महात्मा गाँधी जी, अध्यक्ष महोदय व नेताओं, जब 1905 में बंगाल का दो भागों में लार्ड कर्जन ने जाति के आधार पर बँटवारा कर दिया तो उनके जाने का समय भारत छोड़ो प्रस्ताव से पूर्णतः सहमत हूँ, मैं इस प्रस्ताव का समर्थन करती हूँ।

सुचेता : अब मैं उत्तर प्रदेश प्रान्त से आने वाले नेता, जिस पर युवा पीढ़ी की नज़र है, पंडित जवाहर लाल नेहरू जी को बुलाती हूँ।

नेहरू : अंग्रेज़ों ने आज तक ऐसा प्रस्ताव कभी नहीं दिया जिसे स्वीकार कर सकते। राष्ट्रीय कांग्रेस ने गाँधी जी के भारत आने और उसके पहले भी विरोध किया। बंगाल बँटवारे, रोलेट एक्ट, क्रिप्स मिशन का विरोध, जलियाँवाला बाग़ काण्ड का विरोध, चौरी–चौरा काण्ड में गाँधीजी ने असहयोग आन्दोलन वापस ले लिया। हमें अपने आन्दोलनों को अहिंसा पर चलना होगा। हम अहिंसा और प्रेम पर चलना चाहते हैं। मैं भी इस प्रस्ताव का समर्थन करता हूँ।

सुचेता : अब मौलाना आज़ाद विचार रखेंगे।

मौलाना अबुल कलाम आज़ाद : मुस्लिम लीग, भारतीय हिन्दू महासभा, यहाँ तक कि मोहम्मद अली जिन्ना ने भारत छोड़ो आन्दोलन और इस सभा का विरोध किया है। नैनी जेल, यरवदा जेल देश की तमाम जेलों में पत्थरों पर हमारी पीठ के निशान छप गये हैं। गाँधी जी खुद सालों जेल में रहते आये हैं।

मेरा जन्म इस्लाम की पवित्र धरती मक्का शरीफ़ में हुआ। मेरी कर्म भूमि भारत की पवित्र धरती है। मैंने अरबी, उर्दू, हिन्दी 'संस्कृत' अंग्रेज़ी में तालीम लेकर यह समझा कि गाँधी जी के बताये रास्ते अर्थात् स्वतन्त्रता ही हम सबके लिए सही है। हिन्दू जितने सहिष्णु हैं उतने दूसरे नहीं। मैं मोहम्मद अली जिन्ना और मुस्लिम लीग की दो राष्ट्र के सिद्धान्त के सख़्त ख़िलाफ़ हूँ। मुस्लिम भारत से ज़्यादा सुरक्षित दुनिया में कहीं नहीं रह सकता। असहयोग आन्दोलन हो या सविनय अवज्ञा हो, इस्लाम के बुनियादी उसूल भी यही कहते हैं। गाँधी जी के विरोध का तरीक़ा सही है।

चन्द कट्टरपन्थी हिन्दू और मुस्लिम गाँधी जी का विरोध कर रहे हैं। उन्हें अधनंगा फकीर कहते हैं। उनसे नसीहत नहीं लेते। एक महान बुजुर्ग हमें रास्ता दिखा रहा है। मैं भारत छोड़ो आन्दोलन का समर्थन करता हूँ।

सुचेता : अब मैं पटेल साहब को बुलाती हूँ।

पटेल : हमें गाँधी जी के सपनों को पूरा करना है। अंग्रज़ों द्वारा स्वतन्त्रता सेनानियों को सूली पर लटकाना, ग़रीबों और किसानों पर अत्याचार करना, इन सबसे कांग्रेस हमेशा असहमत रही है। हमें देश के छोटे–बढ़े लगभग 545 राज्यों को मिला कर अखण्ड भारत बनाना है। बम्बई के इस ग्वालिया टैंक मैदान में जहाँ अनगिनत तादात में लोग इकट्ठा हैं, वो अपनी भूखी नज़रों से हमसे स्वतन्त्रता की आस लगाये हैं। हम उन्हें भरोसा देना चाहते हैं कि हमारी नाव विशाल समुद्र पार कर के तट तक पहुँचने वाली है, लेकिन मिस्टर जिन्नाह, उनकी मुस्लिम लीग, भारतीय कम्युनिस्ट पार्टी और अखिल भारतीय हिन्दू महासभा लिखित अनुरोध के बाद भी अंग्रेज़ों भारत छोड़ो के आन्दोलन में उपस्थित नहीं हुए, कई बढ़े नेता भूमिगत हैं, मैं गाँधी जी के प्रस्ताव का समर्थन करता हूँ।

सुचेता : अब महात्मा गाँधी जी अपने विचार रखेंगे।

(महात्मा गाँधी ज़िन्दाबाद, अंग्रेज़ों भारत छोड़ो के नारे लगते हैं)

गाँधी जी : *(दोनों हाथ जोड़कर शान्त होने का इशारा करते हैं)* साथियो, मैं 1920 से बदला नहीं हूँ। आज विश्व आज़ादी के लिए ख़ून बहा रहा है

लेकिन भगवान् ने मुझे अहिंसा का शस्त्र दिया है जो किसी भी शस्त्र से ज़्यादा सक्षम है। नेहरूजी ने मुझे सोवियत रूस के दस्तावेज़ दिये जिसका मैंने अध्ययन किया। हमें भारत को आज़ादी दिलानी है तो हिन्दू–मुसलमान में एकता होनी चाहिए। हमें अंग्रेज़ों से नफ़रत नहीं होनी चाहिए। कई तो मेरे घनिष्ठ मित्र हैं। हमारा विरोध ब्रिटिश हुकूमत, उनके थोपे गये निर्दयी क़ानून, हिंसा और भारत से लूटकर ख़ज़ाना ले जाने से है। अहिंसा हमें आज़ादी और लोकतन्त्र दिलायेगी। जबकि हिंसा देश और नागरिकों को तानाशाह बनाती है। आज़ादी के बाद लोकतन्त्र में हमारी जनता तय करेगी कि सत्ता किसे सौंपी जाये।

द्वितीय विश्व युद्ध से धरती लाल हो गयी। लोग आज़ादी के लिए रो रहे हैं। फिर हमें रंग–भेद, ऊँच–नीच, लिंग भेद, जाति–धर्म, क्षेत्रवाद आदि धारणाओं को भूलना होगा।

आज जो भारतीय जिस भी कारण से आज़ादी के विरोधी हैं तथा लाभ के लिए अंग्रेज़ों के मित्र हैं, मैं उन्हें भी अपने इस आन्दोलन 'करो या मरो' में शामिल होने को कहता हूँ और अंग्रेज़ी हुकूमत से कहता हूँ 'भारत छोड़ो'। अब आप लोगों का भारत में और रुकना हमें सहन नहीं है।

(महात्मा गाँधी, करो या मरो, भारत छोड़ो जिन्दाबाद)

(पुलिस का प्रवेश, कांग्रेस पर प्रतिबन्ध, नज़रबन्द और गिरफ़्तारी, तभी अरुणा आसफ अली, तिरंगा फहरा देती हैं।)

28

एनी बेसेंट

जन्म : 01 अक्टूबर 1847 (लन्दन)
मृत्यु : 20 सितम्बर, 1933 (मद्रास)

सूत्र : ये बनारस हिन्दू विश्वविद्यालय है। सन् 1933 में इसी घाट पर एनी बेसेंट की अस्थियाँ उनकी इच्छा से पवित्र गंगा में विलीन हो गयी थीं। वो नाम से तो ईसाई थीं लेकिन अध्यात्म रूप से हिन्दुत्व में विलीन थीं।

यह जो मेरे पीछे बनारस हिन्दू विश्वविद्यालय है, पं. मदन मोहन, सुन्दरलाल व अन्य राजाओं के साथ एनी बेसेंट भी इसकी संस्थापक सदस्य थीं। 1893 में भारत आगमन हुआ। भारत की पहली आयरन लेडी ने भारत और आयरलैंड की आज़ादी का बिगुल बजा दिया। 1916 में बाल गंगाधर तिलक ने होमरूल आन्दोलन की शुरुआत की। एनी बेसेंट और तिलक ने मिलकर होमरूल आन्दोलन के लिए एक ध्वज बनाया।

एनी बेसेंट एक समाजवादी अध्यात्म, लेखिका और महान वक़्ता व संगठन चालक थीं। अन्याय का विरोध उनकी रगों में भरा था, महिला अधिकारों की समर्थक थीं।

आइये देखते हैं 1917 में कलकत्ता का अखिल भारतीय कांग्रेस अधिवेशन।

(मंच पर अन्य सदस्यो के साथ पं. मदन मोहन मालवीय, एनी बेसेंट, एक महिला माइक पर आकर सभा का संचालन करती है।)

संचालक : समय न गँवाते हुए आदरणीय पं. मदन मोहन मालवीय जी को जो इस अधिवेशन के अध्यक्ष भी हैं, से अनुरोध है कि अपने विचार रखें।

मालवीय : मैं केवल इतना कहना चाहता हूँ कि आज मेरा अध्यक्षता का कार्यकाल पूरा होता है। कांग्रेस कार्यकारिणी के आदेश से नये अध्यक्ष के लिए पहली बार एक महिला अर्थात् एनी बेसेंट को अखिल भारतीय कांग्रेस दल के अध्यक्ष की घोषणा करता हूँ। *(संचालक द्वारा अनुमोदन, एनी बेसेंट को हार पहनाया जाता है)* मैं नयी अध्यक्ष से अनुरोध करूँगा कि अपने विचार व्यक्त करें।

एनी बेसेंट : आज मुझे पण्डित जी ने जो सम्मान दिया है, उसे मैं स्वीकार करती हूँ। ये भारतीय कांग्रेस के ही साहस की बात है कि जिस ब्रिटिश सरकार से हम आज़ादी की बात करते हैं, तो उसी की बेटी हूँ और लन्दन में जन्मी हूँ।

परन्तु यह भी सच है कि 1853 में जब मेरा भारत आगमन हुआ तो आयरलैंड की तरह यहाँ का भी आन्दोलन एक जैसा लगा। मैं तन–मन–धन से भारत को अपनी मातृभूमि मानती हूँ।

कांग्रेस अन्याय से लड़ने वाला एक संगठन है। जैसा कि आप जानते हैं 'होमरूल आन्दोलन' पहले आयरलै.ड में जन्मा, जिसका अर्थ है अपने देश द्वारा बनाया गया नियम। आप पंडित जी, आदरणीय

तिलक साहब सबके सामने महात्मा गाँधी जी से आज अनुरोध करती हूँ कि वे कांग्रेस में शामिल होकर हमारे आन्दोलन का मार्ग प्रशस्त करें। आज़ादी के लिए एक ही रास्ता है–महात्मा गाँधी।

(एनी बेसेंट ज़िन्दाबाद, महात्मा गाँधी ज़िन्दाबाद।)

29

बेगम हजरत महल

जन्म : 1820, फैजाबाद

मृत्यु : 1879, काठमाण्डू, नेपाल

(1857 भारत की पहली क्रान्ति, लखनऊ)

बाँदी : बेगम साहिबा वली अहद और अवध के नौख़ेज़... बादशाह बिरजिस कदर तशरीफ़ ला रहे हैं।

बेगम : *(अपने बेटे को गले लगाते हुए)* बादशाह बहादुरशाह ज़फ़र का अहसान है जो तुम्हें कुबूल किया और बतौर निशानी दो ख़ास अशर्फ़ियाँ भेजी हैं।

बिरजिस : अंग्रेज़ों का जुल्म बढ़ रहा है।

बेगम : तुम तख्त पर बैठो, मैं अवध सँभालती हूँ।

बाँदी : बेगम बेलीगारद से सर हेनरी लॉरेंस तशरीफ़ लाये हैं।

हेनरी : बेगम लन्दन में क्वीन विक्टोरिया ने आपसे दोस्ती और सुलह की पेशकश की है।

बेगम : बदले में!

हेनरी : सारा अवध फिर से आपका, बस हुकूमत अंग्रेज़ों की, रेजीडेंसी पर यूनियन जैक्स लहराता रहेगा।

बेगम : जाकर अपनी महारानी से कह दो, बेलीगारद को हम तोप और बारूद से उड़ा देंगे।

हेनरी : बेगम आप जानती हैं, आप ऐसा नहीं कर सकतीं।

बेगम : बहादुरशाह ज़फ़र को कुछ हुआ तो हम रेजीडेंसी को क़ब्रिस्तान बना देंगे।

हेनरी : बेगम आप बहुत नाराज़ हैं वरना कौन नहीं जानता कि आप फ़ैज़ाबाद...

बेगम : *(खड़ी हो जाती हैं)* बस चले जाइये, मैं जानती हूँ तुमने मेजर हडसन को दिल्ली से बुलवाया है।

(बेलीगारद, लखनऊ रेजीडेंसी पर बेगम हजरत महल ने अपनी फ़ौज और ज़मींदारों, हिन्दू–मुसलमानों के साथ घेरा डाल दिया। तीन मंज़िल इमारत गिर गयी। मेजर हडसन को बेगम कोठी क्षेत्र में बेगम के सिपाहियों ने मार गिराया। ये वही मेजर हडसन था जिसने बहादुरशाह ज़फ़र को दिल्ली में लाल कपड़े से ढकी तश्तरी भेंट में उनके दो बेटों और एक पोते का सर दिया था। एक हिन्दू राजा ने बेग़म को नेपाल काठमाण्डू भेज दिया, जहाँ 1879 में बेगम की मृत्यु हुई।)

30

रॉयल फैमिली (हास्य)

(मंच पर बेगम का खादिमा के साथ एक कोने से प्रवेश)

बेगम : अरे कहाँ गये नवाब साहब!

खादिमा : यहीं कहीं होंगे, जायेंगे कहाँ!

बेगम : पानदान मेरे पास है, पान के बग़ैर नवाब साहब का गला सूख रहा होगा।

खादिमा : ये देखिये यहाँ बैठे हैं।

बेगम : आप यहाँ बैठे क्या कर रहे हैं?

नवाब साहब : ये देखिये आपके इस कम्बख्त सन्तरे को छील रहा हूँ।

बेगम : या अल्लाह, तौबा है। 3 घण्टे में अभी आधा संतरा भी नहीं छीला है।

नवाब साहब : सन्तरे में कितने रेशे होते हैं, आप क्या जानें।

बेगम : दो मिनट लगते हैं, अब मैं आपसे सन्तरा छीलना सीखूँ!

नवाब साहब : सन्तरे के रेशे अगर दाँत में फँस जायें तो डॉक्टर कहते हैं कैंसर हो सकता है।

बेगम : अच्छा तो नवाब साहब ये रहा पानदान, अब आपको 3–4 घण्टे और लगेंगे। हम चले नुमाइश देखने, यहीं मिलियेगा।

नवाब साहब : ठीक है।

(नवाब साहब कुर्सी पर बैठे बचा हुआ संतरा छील रहे हैं। एक चौकीदार का प्रवेश)

चौकीदार : साहब उठिये।

नवाब साहब : आप कौन?

चौकीदार : हुजूर मैं चौकीदार हूँ।

नवाब साहब : तो?

चौकीदार : हाल बन्द करने का वक़्त हो गया है, उठिये जाइये।

नवाब साहब : हरगिज नहीं, बेगम का हुक्म है। यहीं मिलियेगा। वो आयी और मैं यहीं न मिला तो?

31

भगवान बुद्ध

दृश्य–1

(मंच पर राजज्योतिषी और राजा शुद्धोधन आपस में बात करते हुए)

राजा : ज्योतिषी महाराज मेरे पुत्र सिद्धार्थ को देखने के बाद अब इसका भविष्य बताइये।

ज्योतिषी : आने वाले समय में सिद्धार्थ चक्रवर्ती राजा बनेगा और धरती के बड़े भूभाग की सत्ता सम्भालेगा अथवा...

राजा : आप रुक क्यों गये, ज्योतिषी अपनी भविष्यवाणी पूरी करो।

ज्योतिषी : लेकिन कष्ट और वियोग को देखकर ये संन्यास ले लेगा और राजपाट से दूर हो जायेगा।

राजा : अर्थात् दूसरों को दुःख–दर्द देखकर सिद्धार्थ को मैं संयासी बनने ही नहीं दूँगा।

ज्योतिषी : *(हाथ जोड़कर सर झुकाते हैं)* अब मुझे आज्ञा दीजिए।

राजा : जाओ जाकर सेनापति कौशल को तत्काल बुला लाओ।

(राजा कुछ प्रपत्र देखते हैं)

(मंच पर सेनापति का आगमन)

सेनापित : जी महाशय आदेश करें, आप किसी उलझन में लग रहे हैं?

राजा : सेनापति मैं तुम्हें सिद्धार्थ की ज़िम्मेदारी सौंप रहा हूँ। ये कभी महल से बाहर न जा पायें।

दृश्य–2

(16 वर्ष बाद)

सिद्धार्थ : देखिये अब मैं वयस्क हो चुका हूँ और मेरी इच्छा इस दुर्ग से बाहर जाने की है।

सेनापति : अच्छा सिद्धार्थ मैं तुम्हें बाहर ले चलता हूँ।

(महल के बाहर का दृश्य)

सिद्धार्थ : *(सामने बैठे एक बूढ़े को देखते हुए)* सेनापति जी ये कौन है और ऐसा क्यों है?

सेनापति : सिद्धार्थ जब किसी व्यक्ति की आयु ज़्यादा हो जाती है तो वो बूढ़ा हो जाता है, उसके शरीर के अंग ठीक से काम नहीं करते। इसे वृद्धावस्था कहते हैं।

(एक और व्यक्ति दिखाई देता है जो दर्द से कराह रहा है)

सिद्धार्थ : सेनापति ये व्यक्ति कौन है और इसे क्या हो गया है?

सेनापति : ये आदमी एक नौजवान है। इसके शरीर पर कई घाव हैं जिसकी वजह से ये दर्द से चीख़ रहा है। दर्द इतना है कि सहन नहीं कर पा रहा है।

सिद्धार्थ : *(कुछ सोचते हुए)* अच्छा सेनापति जी से ये चार लोग किसी को लिटाकर क्यों ले जा रहे हैं?

सेनापति : ये चारों लोग एक मृत व्यक्ति की लाश को ले जा रहे हैं जलाने के लिए क्योंकि इसकी जीवनलीला अब समाप्त हो गयी है।

सिद्धार्थ पर मानो कष्ट का पहाड़ टूट गया हो।

सिद्धार्थ सोचकर स्वयं से बातें करते हैं कि वृद्धों, पीड़ा और मनुष्य के अन्त से समाज को कैसे छुटकारा मिलेगा और निराकरण का उपाय सोच रहे हैं।

सिद्धार्थ : ठीक है मैं आज ही राजभवन, पिता शुद्धोधन, मौसी गौतमी, पत्नी यशोधरा, पुत्र राहुल को त्यागकर वनों में जाक़र अपनी समस्याओं का निराकरण ढूँढूँगा।

(मंच से दोनों तरफ़ देखते हुए सिद्धार्थ का प्रस्थान)

नेपथ्य से

(मंच के बीच में एक पीपल के पेड़ के नीचे तपस्या करते हुए सिद्धार्थ, जीवन के पैंतीसवें वर्ष में उन्हें ज्ञान प्राप्त हुआ। इस तरह सिद्धार्थ बुद्ध के नाम से जाने जाने लगे।)

महात्मा बुद्ध ने मुख्य उपदेश दिया–

1. बुद्ध अग्निहोत्र व गायत्री मंत्र
2. ध्यान तथा अन्तर्द्रष्टि
3. मध्मार्ग का अनुसरण
4. चार आर्य सत्य
5. अष्टांग मार्ग

"मैं बुद्ध अपने अनुयायियों को संदेश देता हूँ कि अहिंसा और सत्य के मार्ग पे चलें आज दिनाँक को बौद्ध धर्म की स्थापना करता हूँ।"

जिस कारण लोगों ने इन्हें भगवान् माना।

32

रानी लक्ष्मीबाई

जन्म : नवम्बर 19, 1828

जन्म स्थान : असी घाट काशी

मृत्यु : जून 18, 1858

मृत्यु स्थान : कोटा सराय ग्वालियर

सूत्रधार : "बन्देले हर बोलों के मुँह हमने सुनी कहानी थी खूब लड़ी मर्दानी वह तो झाँसी वाली रानी थी।" कवयित्री सुभद्रा कुमारी चौहान की ये अनमोल कविता आप सब ने सुनी होगी। मैं रानी की बाल सखा नीलिमा दुलेकर, 1857 की महान योद्धा 'लक्ष्मी बाई' के बारे मैं बताती हूँ। रानी के पिता मोरोपन्त ताम्बे जो उस समय बिठूर के पेशवा दरबार में काम करते थे। काशी के असी घाट पर उनकी पुत्री मणिकर्णिका का जन्म हुआ, जो शास्त्रों, शस्त्र, घुड़सवारी, तलवारबाज़ी में निपुण थी। उनका विवाह झाँसी के मराठा राजा गंगाधर राव निवालकर से 1842 में सम्पन्न हुआ। विवाह पश्चात रानी के बचपन के नाम छबिली, मणि के बदले लक्ष्मीबाई नाम रखा गया।

दृश्य–1

राजा : रानी, इस समय तुम्हें किले के ऊपर चबूतरे पर पूरे राज्य के दर्शन कराने लाया हूँ।

रानी : भव्य, आति सुन्दर

राजा : मराठा राज्यों से बहकर आती वह बेतवा नदी और पूरब दिशा में प्रजा 'खजुराहो मन्दिर' के दर्शन को जा रही है।

रानी : यहाँ की जलवायु अधिक गरम है।

राजा : यही कारण है कि झाँसी ही नहीं पूरे बुन्देलखण्ड में धरती पर मिट्टी की मोटी परत के नीचे विशाल पथरीली चट्टानें हैं।

रानी : राज्य के निवासी मृदुभाषी, ईमानदार और मेहनती हैं, ये सब आप के प्रयास का ही फल है। झाँसी इसीलिए उन्नति पर है।

राजा : दूर ओरछा बुन्देलों का महल है जहाँ राजा राजवीर सिंह ने मित्रता वश जहाँगीर (सलीम) के स्वागत में महल भी बनवाया था।

सूत्रधार : विवाह के बाद रानी ने एक पुत्र को जन्म दिया लेकिन वह चार माह तक ही जीवित रहा, पुत्र आघात के कारण राजा ने दामोदर राव को गोद ले लिया, तभी 1853 में राजा का भी देहान्त होने के कारण दरबारियों से एक मत होकर रानी के दत्तक पुत्र को चार वर्ष की आयु में सिंहासन पर बैठा दिया।

दृश्य–2

(झाँसी के किले में राज दरबारी मौजूद हैं, रानी के प्रवेश पर सभी खड़े हो जाते हैं। रानी द्वारा बैठने का इशारा)

रानी : झाँसी राज दरबार की यह आपात बैठक ब्रिटिश सरकार ने डॉक्ट्रिन ऑफ़ लैप्स (Doctrine of lapse) नियम के तहत हमारे दत्तक पुत्र के सिंहासन को अवैध घोषित कर दिया है।

पेशवा : यह तो हमारे परम्परागत मराठा शासन के विरुद्ध है।

गुलाम गौस खान : ये धमकियाँ अंग्रेज़ किसी और को दें।

दिवान जवाहर : ब्रिटिश सरकार नीतियों का विरोध पूरे भारत में हो रहा है।

रानी : लार्ड डल्हौसी का प्रस्ताव है साठ हज़ार रुपये साल के बदले झाँसी में उनकी हुकूमत हो जाये। गौस खान तुम हम मराठाओं और राज घराने के सबसे घनिष्ट हो, अपनी रणनीति बताओ।

गुलाम गौस ख़ान : झाँसी दरबार जब अपने ही संकट में है देश में ग़दर छिड़ गयी है, ऐसे में दरबार से निकल कर अंग्रेज़ों के ख़िलाफ़ कड़क बिजली तोप के बारूद से बगावत का समय आ गया है।

रानी : मुझे आप लोग से यही उम्मीद थी, कुछ भी हो जाये 'मैं झाँसी नहीं दूँगी।'

(रानी लक्ष्मीबाई की जय, झाँसी राज परिवार की जय। नहीं सबसे पहले झाँसी की प्रजा की जय)

सूत्रधार : दरबार में लिये गये गुप्त निर्णय के बाद जून, 1858 में झाँसी की सेना रानी लक्ष्मीबाई के नेतृत्व में अंग्रेज़ों की सेना के आमने–सामने हो गयी। युद्ध कोई 15 दिन चला, रानी लक्ष्मीबाई और उसकी सेना ने अंग्रेज़ों के दाँत खट्टे कर दिये। उधर, पूरे भारत में अंग्रेज़ों के ख़िलाफ 1857 की क्रान्ति छिड़ चुकी थी। अब रानी की सेना युद्ध कर रही थी। एक किताब में

कप्तान रोड्रिक (Captan Rodrick) बताते हैं कि उन्होंने रानी लक्ष्मीबाई को युद्ध के मैदान में निकट से देखा था। गोल चेहरे और सुन्दर आँखों वाली रानी, गठीले शरीर की थी जो उस समय घोड़े की लगाम को दाँत से दबाये दोनों हाथों से तलवार चला रही थी। तभी एक भाला रानी के सीने में आकर लगा। उस अंग्रेज़ को रानी ने अपनी तलवार से दो टुकड़े कर दिये लेकिन तभी एक अंग्रेज़ की गोली रानी के शरीर में आकर धस गयी। झाँसी की सेना ने रानी को चारों तरफ से सुरक्षा प्रदान की वह घायल अवस्था में घोड़े पर सवार, एक बड़े नाले पर छलांग लगाने के लिए घोड़े को एड़ी लगाती है लेकिन वो छलांग असफल हो जाती है। रानी वहाँ से निकल तो जाती है लेकिन जून 18, 1858 को ग्वालियर के निकट कोटा सराय में एक मन्दिर में मृत्यु हो जाती है।

33

अशफ़ाक को ढूँढो

(कुछ लोग तैयार होकर नमाज़ पढ़ने जा रहे हैं।)

ज़रीना : मुशताक क्या तुम लोग जुमे की नमाज़ पढ़ने जा रहे हो?

मुशताक : हाँ बहन बाग़ पार करते ही तो मस्जिद है। पिछले साल ही तो सबने मिलकर पक्की मस्जिद बनवाई है।

ज़रीना : अरे पहले घर पक्के होने चाहिए थे, ख़ैर अशफ़ाक तैयार है, उसे भी लेते जाना।

(अशफ़ाक की आयु 6 वर्ष है)

(अशफ़ाक भी मामा के साथ चला जाता है। एक घण्टे के बाद सब लौट आते हैं। लेकिन काफी देर से ज़रीना को उनका बेटा अशफ़ाक नहीं मिल रहा)

ज़रीना : मुशताक इतनी देर हो गयी, अशफ़ाक भूखा भी होगा। वो कहाँ है, मिल नहीं रहा?

मुशताक : बहन तुम परेशान न हो, छोटा–सा तो गाँव है, मैं अभी ढूँढ़कर लाता हूँ।

(मुशताक और चार–पाँच लोग अशफ़ाक को ढूँढने चले जाते हैं। मुशताक की वापसी)

ज़रीना : क्या हुआ तुम लोगों का मुँह क्यों लटका है?

मुशताक : पूरा गाँव देख आये, खेत–खलिहान कहीं नहीं मिला। लगता है अशफ़ाक कहीं खो गया है।

ज़रीना : वो इतना नासमझ नहीं है कि खो जाये, उसे ठीक से ढूँढ़ो, न हो तो एक बार मस्जिद की तरफ़ देख आओ।

(सब मस्जिद की तरफ़ भागते हैं।)

(अशफ़ाक मस्जिद की चौखट पर बैठा है और सबको देखकर हँसता है।)

मुशताक : सब तुम्हें ढूँढ़ रहे हैं अशफ़ाक तुम यहाँ क्यों बैठे हो?

अशफ़ाक : मुझे किसी ने प्रसाद नहीं दिया। मैं इन्तज़ार कर रहा हूँ।

मुशताक : बेटा प्रसाद मन्दिर में मिलता है, मस्जिद में नहीं।

(मुशताक अशफ़ाक को गोद में उठा लेते हैं।)

34

नेताजी सुभाष चन्द्र बोस

दृश्य–1

अनिल मजूमदार : नेताजी आज 26 जनवरी है पिछले साल इसी दिन पण्डित जवाहर लाल नेहरू ने बड़े उत्साह के साथ स्वतन्त्रता दिवस लाहौर में अंग्रेज़ों के विरोध के बावजूद बड़े धूमधाम से मनाया था।

नेताजी : मजूमदार मुझे अच्छी तरह याद है और तुम्हें शायद पता न चला हो इस बार आज हम कलकत्ता में भी नेहरू जी की तरह उल्लास से झण्डारोहण करेंगे। हाँ सरहदी गाँधी मेरा मतलब है ख़ान अब्दुल गफ़्फ़ार ख़ान नहीं होंगे।

मजूमदार : अगर महात्मा गाँधी द्वारा तिरंगा फहराया जाता तो सोने पे सुहागा होता।

नेताजी : चलो 10 बजने वाले हैं हमें जल्द ही कलकत्ता भीड़ के बीच फ्लैग हॉस्टिंग करनी है।

(खेल के बड़े से मैदान जहाँ सुभाष चन्द्र बोस और गाँधी जी के नारे लग रहे हैं। हजारों की भीड़ के चारों तरफ़ ब्रिटिश पुलिस सादी वर्दी वाले और 12–15 घुड़सवार

जिस पर ब्रिटिश सिपाही बैठे हैं, मानो आज कोई हादसा होने वाला है। तभी नेताजी का मंच पर प्रवेश। नारेबाज़ी और शोर का आलम, एक अंग्रेज़ चिट्ठी लेकर समारोह को गैरक़ानूनी बताता है।)

नेताजी : साथियों, अभी–अभी मुझे अंग्रेज़ी सरकार ने इनफार्म किया है कि ये सभा और हमारी फ्लैग हॉस्टिंग ग़ैरक़ानूनी है। मैं अंग्रेज़ी सरकार को ये बता देना चाहता हूँ कि आज़ादी और फ्लैग हॉस्टिंग हमारा जन्मसिद्ध अधिकार है। मैं अंग्रेज़ी हुकूमत की बात को नहीं मानता। बकौल महात्मा गाँधी जी तुम हमें जितना भी मारना चाहो मारो, जान लेनी हो तो भी कोई बात नहीं, हम हाथ नहीं उठायेंगे।

(सुभाष चन्द्र बोस फ्लैग की रस्सी खींचते हैं।)

साथियों, मेरा नारा याद ररखना–"तुम मुझे ख़ून दो मैं तुम्हें आज़ादी दूँगा।"

(तभी चारों तरफ़ से पुलिस भीड़ पर टूट पड़ती है। देखते ही देखते लोग लहूलुहान हो जाते हैं। सुभाष चन्द्र बोस तो लाठियों के वार झेलते हुए गिर पड़ते हैं। अंग्रेज़ पुलिस सुभाष चन्द्र बोस, अनिल मजूमदार, रॉबिन चटर्जी आदि क़रीब 150 लोगों को गिरफ्तार कर लेती है।)

दृश्य–2

गाँधी जी : मिस्टर वाइसराय आप हमारे किसी भी नेता को बोस की तरह मारपीट कर गिरफ़्तार नहीं कर सकते।

विलिंगडन : मिस्टर गाँधी, आपके युवा नेता बोस ने क़ानून का उल्लंघन किया है। उन्हें फ्लैग हॉस्टिंग के लिए हमारे आदमी ने लिखित आदेश देकर मना किया था।

गाँधी जी : क्या कोई व्यक्ति अपने ही देश में अपना तिरंगा फहराये तो ये अपराध कैसे कहलायेगा?

विलिंगडन : मिस्टर गाँधी मैं क्षमा चाहता हूँ। मैं आपकी इस लिखित एप्लीकेशन पर कुछ नहीं कर सकता।

गाँधी जी : मिस्टर वाइसराय मैं आपका बहुमूल्य समय नष्ट नहीं करना चाहता, अगर आपने हमारे सभी कैदियों को नहीं छोड़ा तो आपके बाध्य करने पर आज से और अभी से असहयोग आन्दोलन का ऐलान करते हैं। मुझे पूरी उम्मीद है कि प्राइम मिनिस्टर ऑफ़ ब्रिटेन आप पर खफ़ा न हो जायें।

विलिंगडन : मिस्टर गाँधी आपने मेरी पूरी बात को समझा नहीं, मैं तो यह कह रहा हूँ कि कलकत्ता में गिरफ़्तार हुए आपके सारे नेता कल सुबह तक छूट जायेंगे लेकिन भगत सिंह और उसके–हिंसक साथियों को छोड़कर।

गाँधी जी : ठीक है मिस्टर वाइसराय थैंक्यू।

(सुभाष चन्द्र बोस और उनके साथी छोड़ दिये जाते हैं।)

बोस (फ़ोन पर) : हम लोगों की आज़ादी मायने नहीं रखती। आप इस समझौते को निरस्त कर भगत सिंह, सुखदेव और राजगुरु को आज़ाद करायें।

गाँधी जी : मैं जेलों में रहा, भूख हड़ताल की, लेकिन कभी भी माफ़ी नहीं माँगी और न ही कभी हिंसा का समर्थन किया।

बोस : ठीक है, गाँधी जी लेकिन मैं असहमत हूँ।

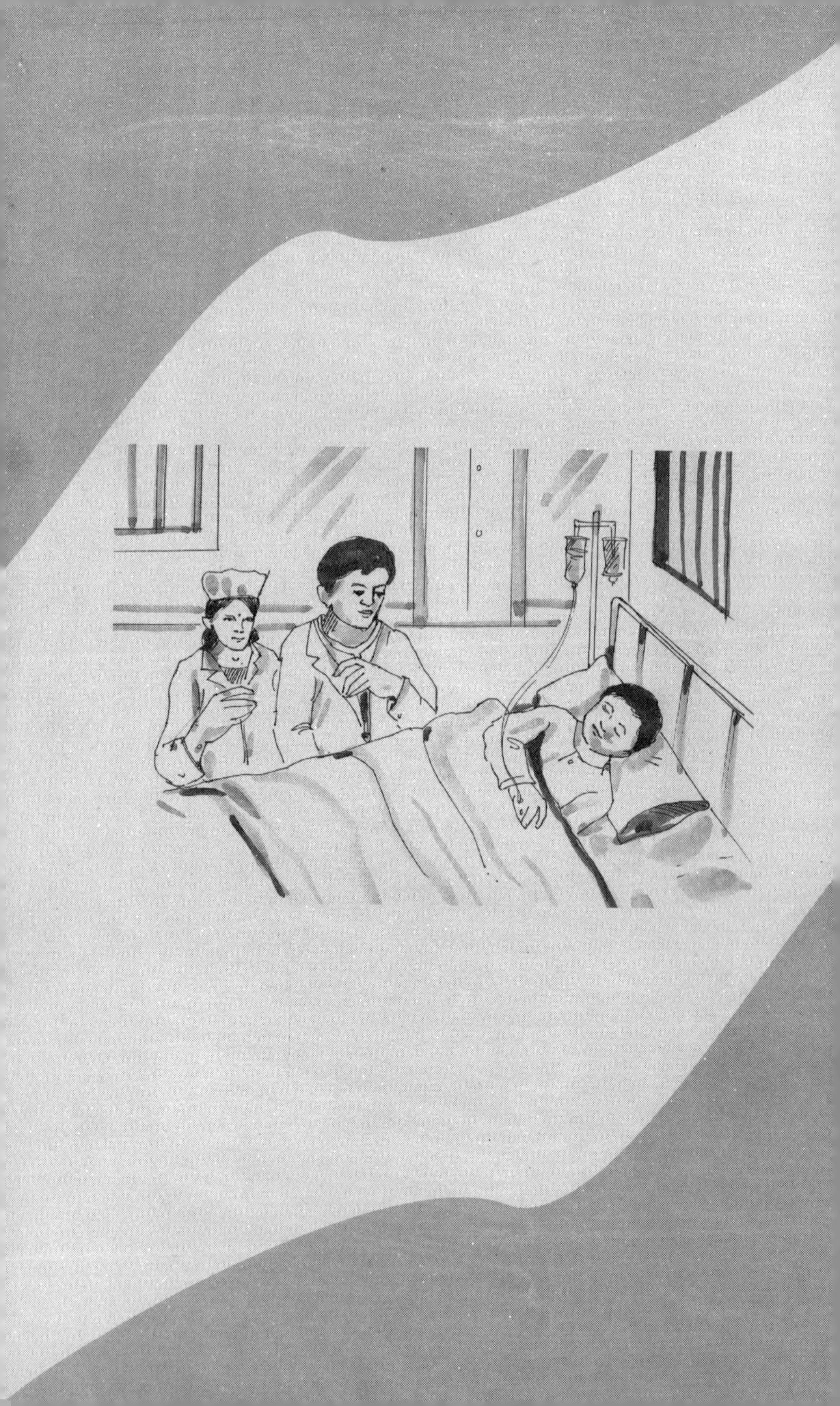

35

ज़हरखुरानी (विषपान)

(अस्पताल की बेड पर लेटा एक लड़का जो पिछले तीन दिन से होश में नहीं है। इंजेक्शन लग रहा है और दवाइयाँ भी इंजेक्शन के द्वारा दी जा रही हैं।)

डॉ. भूपेन्द्र : देखो नर्स इसका ग्लूकोज कंटीन्यू रहना चाहिए। मैं ऑपरेशन के लिए जा रहा हूँ अगर यह लड़का होश में आता है तो मुझे तुरंत ख़बर देना।

नर्स : डॉक्टर इसकी सारी जाँच रिपोर्ट नॉर्मल है लेकिन ये होश में क्यों नहीं आ रहा?

डॉक्टर : हो सकता है खाने की किसी चीज़ में ज़हर रहा हो!

नर्स : हाँ हो सकता है क्योंकि इस लड़के को फ़र्रुखाबाद मेल से पुलिस ने बेहोश हालत में उतारा था। मुझे तो लगता है कि ज़हरखुरानी का केस है।

डॉक्टर : ज़हरखुरानी मतलब विषपान लेकिन इसके साथ कोई सामान तो मिला नहीं।

नर्स : डॉक्टर फिर तो ज़रूर इसे खाने की चीज़ में मिलाकर ज़हर दिया गया होगा, देखिए कलाई में घड़ी का निशान है लेकिन घड़ी नहीं है। पतली–सी क़मीज़ में ये आया था, इसका स्वेटर तक उतार लिया गया, सामान भी ले गये।

डॉक्टर : हाँ मैंने कहीं पढ़ा था कि कानपुर में ज़हरखुरानी देश की 13 प्रतिशत होती है। एक तरफ़ हम कन्नौज में इत्र बनाने में मशहूर हैं तो वहीं कुछ लोग इत्र की तरह खाने में ज़हर मिलाते हैं।

नर्स : देखिए सर ये बच्चा होश में आ रहा है।

(मरीज़ आँखें खोलता हुआ डॉक्टर उसके गालों को थपकी देता हुआ, नर्स चेहरे को धोते हुए, बच्चा उठकर बैठ जाता है।)

डॉक्टर : तुम्हारा नाम क्या है?

पेशेंट : गोपाल

डॉक्टर : और रहने वाले कहाँ के हो?

पेशेंट : मेरा घर लखनऊ में है, मैं अभी कहाँ हूँ?

डॉक्टर : तुम फ़र्रुखाबाद के सिविल अस्पताल में हो।

गोपाल : डॉक्टर साहब मेरे पास एक अटैची भी थी।

नर्स : तुम बेटा तीन दिन से बेहोश थे, आज होश में आये हो।

डॉक्टर : यह सब तुम्हारे साथ कैसे हुआ? और तुम्हारी उम्र कितनी है?

गोपाल : डॉक्टर साहब मैं 15 साल का हूँ। मेरी बड़ी बहन की शादी फ़र्रुखबाद में हुई है। मैं फ़र्रुखाबाद जा रहा था। हाँ मुझे याद आया, कायमगंज में मेरे बगल में पड़ी ख़ाली सीट पर दो अंकल आकर बैठ गये, उनकी अलग–अलग वेशभूषा थी। एक अंकल ने ग्लूकोज़ बिस्किट निकालकर पहले ख़ुद खाया फिर सामने वाले आदमी को दे दिया। मेरे मना करने पर पहला आदमी बोला अरे भाई एक बिस्किट ही तो है खा लो बेटा। फिर उसने पैकेट से एक बिस्किट मुझे भी दिया, बेटा खा लो आराम मिलेगा। मैंने खा लिया और अब आँख खुली है।

डॉक्टर : तुम फ़र्रुखाबाद जा रहे थे नहीं, पहुँच चुके हो।

गोपाल : और मेरी अटैची और स्वेटर।

नर्स : वो तुमने जो बिस्किट खाया था उसमें ज़हर था। किसी अनजान आदमी की दी हुई चीज न खाओ। घर के बड़े और यहाँ तक कि सरकार भी विज्ञापन देकर मना करती है। शुक्र करो कि तुम्हारी जान बच गयी। *(गोपाल रोने लगता है)*

गोपाल : बैग में 2000 रुपये रखे थे। माँ ने दीदी को भिजवाये थे, अब मैं क्या करूँ?

डॉक्टर : बेटे तुमने बहुत बड़ी नादानी की है तो ख़ामियाजा भी तुमको ही भुगतना पड़ेगा। तुम अब कभी सफ़र में किसी अनजान शख़्स से खाने की चीज़ या कोई लेन–देन न करना। नर्स, पुलिस वालों को बुलाकर इनकी क़ानूनी कार्यवाही कर दो, शायद इनकी अटैची मिल जाये। फिर इन्हें डिस्चार्ज कर देना।

36

मॉनीटर (हास्य)

(7वीं का क्लासरूम, सारे स्टूडेंट बैठे हुए हैं। फ्रंट रो में सीमा, सोमेश, सुभाष, जावेद, ज्योति और मंजु बैठे हैं। बच्चों के बैठने का अरेंजमेंट योग्यतानुसार है।)

मैम : बच्चों आज तुम्हारा इस क्लास का पहला दिन है। मैं तुम लोगों का स्वागत करती हूँ। केन्द्रीय विद्यालय की ये ए.एम.सी. ब्रांच लखनऊ है। ख़ासकर आर्मी के बच्चों के लिए बनाये गये इस स्कूल की शुरुआत केन्द्र सरकार ने 1963 में शुरू की थी। तुम सब शायद मेरा नाम न जानते हो, तो मेरा नाम संथानम है। अब तुम लोग अपना इंट्रोडक्शन, मेरा मतलब है नाम बताओ।

स्टूडेंट–1 : मैम मेरा नाम सीमा है।

स्टूडेंट–2 : मेरा नाम सोमेश है।

स्टूडेंट–3 : मेरा नाम सुभाष है।

स्टूडेंट–4 : मैम मैं ज्योति हूँ।

मैम : अच्छा तो तुम लोगों का इंट्रोडक्शन तो हो गया, लेकिन तुम में से मॉनीटर कौन बनना चाहता है, हाथ उठाओ।

(कोई भी स्टूडेंट हाथ नहीं उठाता है।)

अरे तुममें से कोई मॉनीटर ही नहीं बनना चाहता है, सीमा तुम बताओ।

सीमा : मैम जो ये भोले–भाले बच्चे आप देख रही हैं इन दुष्टों को सँभालना मेरे बस की बात नहीं है।

मैम : सुभाष तुम बताओ, मुझे याद आ रहा है तुम्हारी बड़ी बहन नीलिमा भी तो यहीं की स्टूडेंट थी।

सुभाष : मैडम मैं आधा पढ़ता हूँ और आधा गाता हूँ और मॉनीटर सभी की कॉपियाँ कलेक्ट करे ये मेरे बस की बात नहीं।

मैम : ज्योति तुम्हारा क्या विचार है?

ज्योति : मैम सच बताऊँ आपको, कोई मॉनीटर बनने को तैयार नहीं होगा। छठी क्लास में भी यही हुआ था। तब त्रिपाठी सर ने अशोक महाराज को उसकी मरज़ी के ख़िलाफ़ या कहें डाँटकर मॉनीटर बना दिया था। अशोक को पढ़ना–लिखना तो है नहीं।

मैम : तो अशोक तुम मॉनीटर बनोगे?

अशोक : मैंने तय कर रखा था कि मैं मॉनीटर नहीं बनूँगा। लेकिन ज्योति की बात भी नहीं काट पाऊँगा।

ज्योति : मेरी बात तुम क्या काटोगे, मॉनीटर बनने पे फूले नहीं समा रहे होगे। लेकिन एक बात ध्यान रखना तुम सबकी कॉपी जमा करने के बाद सबसे आख़िरी में मेरी कॉपी जमा करना, समझ गये महाराज।

सुभाष : मैम स्कूल में पहले असेम्बली होती है, मॉनीटर को असेम्बली में न जाने की छूट रहती है। एक दिन मैंने अपनी मम्मी से कहा कि मुझे चार इडली टिफ़िन में दिया करो, माँ दो इडली कम है तो मुझे मेरी माँ ने कहा बेटे मैं तो रोज़ टिफ़िन में चार ही इडली देती

हूँ। मुझे लगता है। देखो अशोक मैं तुम्हारा नाम नहीं ले रहा हूँ लेकिन असेम्बली के टाइम ही कोई दो इडली खा जाता है।

अशोक : सुनो सुभाष मैं मैम के सामने कह रहा हूँ मैंने इडली की चोरी कभी नहीं की, जैसे मेरे टिफ़िन से कोई एक अंडा पराँठा खा जाता है, तो एक बात सुन लो, चार इडली खानी हो तो 6 इडली लेकर आया करो।

मैम : भई तुम लोग लड़ो मत, हम लोग टीचर हो के दूसरे के टिफ़िन खा लेते हैं क्योंकि कोई हमारे टिफ़िन से भी खा लेता है। अशोक तुम हुए मॉनीटर और एक बात बता दूँ बच्चों, ये पढ़ाई और ये लाइफ़ जब गुज़र जायेगी तब तुम लोग इसे पूरी ज़िन्दगी याद रखोगे।

37

गैलीलियो गैलिली

जन्म : फ़रवरी 15, 1564, इटली का पीसा शहर

देहान्त : जनवरी 8, 1642, इटली का अरसैटरी शहर

पिता का नाम : विसेजो गैलिली, एक संगीतज्ञ थे। 'ल्योट' नामक यन्त्र बजाते थे जो बाद में गिटार/यह यंत्र बाद में बैनजो के रूप में विकसित हुआ।

दृश्य–1

(गैलो मेज़ पर रखे सामान, जैसे–लालटेन, दूरबीन, मोमबत्ती से अध्ययन कर रहे हैं। ल्योटो बजाते पैदर का प्रवेश)

पैदर : *(जनता से बात कर रहे हैं)* यूरोप में एक वक़्त ऐसा था जब रोम और यूनान पतन की ओर अग्रसर थे उस समय पूरा महाद्वीप अज्ञानता और अन्धकार में डूब गया लेकिन अँधेरे के बाद उजाला आना भी निश्चित है। समय ने करवट ली विज्ञान और तकनीकी प्रगति ने यूरोप को अँधकार से निकालकर रोशनी की ओर मोड़ दिया। यही है वो वैज्ञानिक गैलीलियो गैलिली।

गैलो : फिर एक नयी मुसीबत, पैदर मेरा ध्यान हटाने आ गये।

पैदर : गैलो नाराज़ मत हुआ करो, तुम्हारी माँ और मैंने तुम्हें जन्म दिया है।

गैलो : अब ये ग़लती दोबारा मत करना।

पैदर : तुमने कहा था संडे को प्रकाश की गति बताओगे। *(पैदर हँसता है)*

गैलो : मगर आज तो संडे नहीं है क्या आपको मेरी क़ाबिलियत पर शक है।

पैदर : तुम्हारे अलावा किस पर भरोसा कर सकता हूँ, बस कॉन्फिडेंस नहीं आ रहा है।

गैलो : मुझे काम करने दें, आप अपने कमरे में जायें।

पैदर : ठीक है मैं सोने जा रहा हूँ।

(पैदर अपने कक्ष में जाते हुए, अचानक गैलो किसी निर्णय पर पहुँचकर उछल जाता है।)

गैलो : उठो पैदर, आइए मैं दिखाता हूँ।

पैदर : क्या बात है, क्या हो गया?

गैलो : मैंने प्रकाश की गति को काउंट कर लिया है।

पैदर : अच्छा समझाओ तो ज़रा।

गैलो : मान लीजिए, आप पीसा के पूरब की सबसे ऊँची चोटी पर खड़े हैं और मैं पश्चिम की सबसे ऊँची चोटी पर खड़ा हूँ। जब आप ये लालटेन वहाँ से जलायेंगे तो उसका प्रकाश मुझ तक पहुँचने में जो समय लगेगा और वह प्रकाश जितना सफ़र तय करेगा, वही प्रकाश की गति है।

पैदर : मैं जानता था जिसकी जितनी रुचि होती है, सफलता भी उसी को मिलती है।

(गैलो अपना काम करते हैं और पैदर जनता से बात करते हैं।)

एक खगोल वैज्ञानिक ओले रोमर ने जब 1676 में प्रकाश की गति का सही आकलन किया 300000 तीन लाख किलोमीटर/सेकेंड उससे पहले तक गैलिलीयो का सिद्धान्त सही माना जाता था।

दृश्य–2

(गैलो अपनी मेज़ पर देर रात काम करते हुए)

पैदर : खगोलीय परीक्षण से चन्द्रमा पर करेक्टरों व पहाड़ों की खोज और बृहस्पति के चारों उपग्रह प्रायः गैलीलियो उपग्रह के रूप में जाना जायेगा।

(गैलीलियो दूरबीन से आसमान की तरफ़ देखते हुए)

उसने शुक्र की कलाओं का अवलोकन किया और सूर्य ध्वनि के अध्ययन से पूर्णतः गति का पता लगाया। गैलीलियो ने निष्कर्ष निकाला कि अरस्तू का वैश्विक मानचित्र सिद्धान्त ग़लत था। इसके बजाय कोपरनिकस के सूर्य केन्द्रीय सिद्धान्त का समर्थन किया। अब देखते हैं कि आगे क्या हुआ।

(गैलीलियो दूरबीन से आसमान को टकटकी लगाये देख रहा है इसी तरह वो स्थान बदलकर देखता है। गैलीलियो टेबल पर बैठकर काग़ज और पेन से सूर्य केन्द्रीय सिद्धान्त की व्याख्या लिखता है जिसमें वह कहता है अब तक किये गये सभी प्रयोग और सिद्धान्त यहाँ तक कि धार्मिक पुस्तकें जो बताती हैं कि सूर्य पृथ्वी के चक्कर लगाता है क्योंकि पृथ्वी स्थिर है। आज मेरे विश्लेषण ने सबको ग़लत साबित कर दिया है। कोई माने या न माने लेकिन मेरे बनाये

सिद्धान्त के बाद ये धारणा ख़त्म हो जायेगी और सबको मानना पड़ेगा कि सौरमण्डल के सारे उपग्रह धरती सहित सूरज के चक्कर लगाते हैं। सूर्य स्थिर है और पृथ्वी सूर्य का जब आधा चक्कर लगाती है जब पृथ्वी सूर्य के सामने होती है अर्थात् पृथ्वी के उस भाग पर दिन होता है। पृथ्वी के दूसरी ओर रात होती है।)

गैलो : पैदर अपने कक्ष से बाहर निकलो।

(पैदर का मंच पर प्रवेश)

पैदर : क्या बात है गैलो बड़ी नींद में था मैं?

गैलो : देखिये मैंने क्या लिखा है।

(पैदर उस नोट को पढ़ते हुए)

पैदर : ये सब क्या लिखा है गैलो क्या तुम खुदा बाप से बढ़कर हो। तुम्हें मेंटल एंसाइलम की ज़रूरत है। कल अगर अख़बार में छप गया कि तुमने सिद्ध कर दिया कि पृथ्वी सूर्य के चक्कर लगाती है इसका परिणाम जानते हो?

गैलो : पैदर मेरा सिद्धान्त मेरे लिए और पृथ्वी पर सबके लिए महत्त्वपूर्ण है। फिर परिणाम चाहे जो हो।

पैदर : तुम जानते हो इस वक़्त जहाँ भी ईसाईयत है उस देश में चर्च पहले पायदान पर है और दूसरे पायदान पर राजा और राजशाही है। किंग विक्टर इमेनुअल से मेरा सिर्फ़ इतना परिचय है कि कभी किसी कठिन रात में मैं उनके सोने के लिए ल्योट बजाता हूँ जिसके एवज़ में मुझे चन्द सिक्के मिल जाते हैं।

गैलो : पैदर मैं आपके जवाब से सहमत नहीं हूँ। मैं पहला और आख़िरी गॉड को ही मानता हूँ।

दृश्य–3

(एक खुले स्थान का दृश्य जहाँ ऊपर की कुर्सी पर पादरी एक हैं। उसके नीचे राजा और रानी बैठे हैं। सामने भीड़ में विसेन्जो गैलिली हाथ बाँधे खड़े हैं और शान्त गैलीलियो कठघरे में खड़े हैं। लोगों का मजमा लगा है।)

एंडरू : *(एक युवा पादरी)* : माननीय पिता आप आज्ञा दें तो मैं अपराधी गैलीलियो गैलीलि का वाद प्रारम्भ करूँ।

पादरी : इजाजत है कार्यवाही शुरु की जाय।

एडरू : माननीय महोदय, यह कठघरे में खड़ा अधेड़ उम्र इसका नाम गैलीलियो गैलिली है। इस ने पवित्र बाइबल और दुनिया के दूसरे धर्मों की पवित्र पुस्तकों का अनादर किया है। इसने चर्च को ललकारा है। इसका कहना है कि सूर्य नहीं, पृथ्वी सूर्य का चक्कर लगाती है। जबकि हमारी पवित्र किताब आसमान से उतरी है जिस पर किसी को सन्देह नहीं है। जो यह कहती है और सत्य कहती है कि पृथ्वी स्थिर है और सारा सौरमण्डल अर्थात् सूर्य भी पृथ्वी के चक्कर लगाता है। माननीय महोदय यह बात भी अपनी जगह सही है कि गैलीलियो गैलीलि खगोल विज्ञानी, दार्शनिक, गणितज्ञ, भौतिक विज्ञानी, आविष्कारक है। ऐसा पीसा का समाज मानता है। माननीय महोदय आप फ़ैसला दें।

गैलीलियो : महोदय मैं कुछ कहना चाहता हूँ।

(पादरी हाथ से हाँ में इशारा करता है)

माननीय पादरी महोदय और सभा में उपस्थित सभी लोगों को मैं यह बताना चाहता हूँ कि मैं एक सच्चा

ईसाई हूँ और बाइबल सर्वोच्च है। ख़ुदा बाप पर पूरा भरोसा करता हूँ।

पादरी : कठघरे में खड़े बन्दी गैलीलियो गैलीलि अगर तुम वाकई जो कह रहे हो कि बाइबल और ख़ुदा बाप पर पूर्ण आस्था है तो तुम्हें अपने सिद्धान्त को गलत मानते हुए वापस लेना पड़ेगा।

एडरू : सोच क्या रहे हो गैलीलियो, माननीय पादरी महोदय ने तुम्हें एक मौक़ा दिया है अपनी ग़लती सुधारने का। चाहो तो तुम कठघरे से बाइज़्ज़त बरी हो जाओगे। बताओ तुम्हें क्या कहना है।

गैलीलियो : माननीय महोदय, अगर कठोर से कठोर दण्ड मिला तो कल सुबह मुझे फाँसी हो जायेगी। या माननीय पादरी महोदय जो निर्णय लेना चाहें लें, लेकिन मैं इस सभा को ऐलानिया सूचित करना चाहता हूँ कि मेरा जो दूरबीन से लिया गया सूर्य केन्द्रीय सिद्धान्त में न तो कोई ग़लती है और न ही मैं इसे क्षमा माँगकर वापस लेने वाला हूँ। माननीय पादरी महोदय, जो दण्ड देंगे वह मुझे स्वीकार होगा।

पादरी : अपराधी गैलीलियो गैलिली तुमने बाइबल में एक परिवर्तन की उम्मीद जताई है लेकिन जब तक ईसाइयत ज़िन्दा है तुम्हारे जैसे अपराधी आते–जाते रहेंगे। मैं तुम्हारे इस सिद्धान्त पर कायम रहने पर पवित्र बाइबल के सम्मान का उल्लंघन मानता हूँ। मैं तुम्हें कठोर दण्ड ही देता लेकिन समाज में दूसरे कार्यों के लिए तुम्हारी सेवा को ध्यान में रखते हुए तुम्हें आजीवन कारावास की सज़ा देता हूँ। हाँ इतनी छूट है, ये सज़ा तुम्हें अपने घर में ही नज़रबन्द रहकर काटनी होगी।

(पादरी खड़े होकर चले जाते हैं।)

38

''चार्ल्स डार्विन''

(क्रमागत उन्नति, Evolution)

जन्म : फ़रवरी 12, 1809, यूनाइटेड किंगडम
मृत्यु : अप्रैल 19, 1882, यूनाइटेड किंगडम
(इनका शोध एच.एम.एस. बीगल पर उनकी समुद्र यात्रा के संग्रहों पर आधारित था)

दृश्य–1

(मंच पर एक टेबल है जिस पर खड़े डारविन कुछ लिखते हैं और सोचते हैं। तभी वॉलेस का प्रवेश)

वॉलेस : तो डारविन क्या तय किया?

डारविन : नहीं, मैं पादरी बनूँगा, पवित्र बाइबल का ज्ञान है मुझे। नहीं तो डॉक्टर।

वॉलेस : तुम मेरे मित्र हो इसलिए कोई मूर्खता नहीं करने दूँगा, तुमसे समझदार नहीं लेकिन बड़ा हूँ मैं।

डारविन : तुम कहना क्या चाहते हो?

वॉलेस : बस यही तो मुसीबत है तुम्हें कारण न मिले तो खोज में जुट जाते हो।

डारविन : अच्छा स्पष्ट तो करोगे।

वॉलेस : उत्तर देना अब मेरी मजबूरी हो गयी है। अगर पादरी बन गये और भूल से बाइबल में Sun को Moon कर दिया तो चर्च माफ़ नहीं करेगा। और अगर डॉक्टर बन गये तो मरीज़ का पेट चीरोगे और तुम्हें एक किडनी ख़राब दिखी तो कह दोगे एक किडनी को निकाल दो, दूसरी तो काम कर रही है। या तो वो मरीज़ गया या तुम पर मेडिकल प्रैक्टिस का बैन लग जायेगा या दण्ड भी मिल सकता है।

डारविन : देखो शायद कोई डाक आयी है।

वॉलेस : यह तो समुद्री यात्रा से टूर का टिकट है।

डारविन : देखूँ तो। एच.एम.एस. बीगल से समुद्री यात्रा मेरे एक परिचित ने भेजा है। तुमसे अब लौटकर मुलाक़ात होगी। मैं तो चला।

दृश्य–2

(मंच पर पानी के जहाज़ का दृश्य, आगे एक लकड़ी से पाल बँधा हुआ है। जहाज़ के कैप्टन जोजफ और जहाज़नुमा मंच पर बीच में एक टेबल, जो पहले रखी है और चार्ल्स डारविन उस पर टहलते हुए, पानी पर गोता खाते जहाज़ का आनन्द उठाते हुए, तभी दूर कहीं एक लाइट हाउस को देखकर)

डारविन : कैप्टन जोजफ क्या तुम बता सकते हो ये लाइट हाउस कहाँ जल रही है?

जोजफ : ये एक ब्रिटिश कॉलोनी है और जो यह बता रही है कि वहाँ तीन लोगों को एक साथ फाँसी दी गयी है।

ये इंडियन ब्रिटिश कॉलोनी है जहाँ पहली रक्तक्रान्ति शुरु होने वाली है। (सन् 1857)
(कैप्टन शिप के आगे वाले हिस्से में चले जाते हैं। डारविन काफ़ी देर तक लिखने में ध्यान लगाये हुए हैं जहाँ भी जहाज़ रुकता वहाँ के लोगों, जानवरों, पक्षियों, वृक्षों को देखकर आश्चर्यचकित हो जाता)

डारविन : कैप्टन जोजफ क्या आपको नहीं लगता रन्स के बैकोल झील में एक विचित्र नज़ारा था। आपने चिड़ियों की चोंच देखी। जानवर वही है लेकिन दूसरे द्वीपों से अलग से हैं। आपकी क्या राय है?

जोजफ : आपके मित्र ने मुझे ग़लती से यह बता दिया था कि आप बहुत पढ़े–लिखे और वैज्ञानिक हैं।

डारविन : क्या तुम्हें कोई शक है?

जोजफ : तुम एक सनकी पागल हो। मुझे सारे यात्रियों का ध्यान रखना है। शिप को कंट्रोल करना है। तुम्हारे आगे–पीछे मुझे नाचना नहीं है।
(छह माह के सफर के बाद डारविन अपने घर पहुँचते हैं। डारविन, वॉलेस से जोर से गले मिलते हैं)

डारविन : इस बैग में मेरे सारे कागज़ हैं। इसे मेरे कमरे में रख दो मैं बहुत थका हुआ हूँ।

वॉलेस : यार वर्ल्ड टूर करके आ रहे हो, बताओगे नहीं।

डारविन : पहले तुम बताओ, तुमने क्या किया?

वॉलेस : मुझे ऑस्ट्रेलिया जाने का प्रस्ताव मिला है।

डारविन : *(कॉफ़ी पीते हुए)* अगर अच्छा प्रस्ताव है और तुम्हारे रुचि है तो जा सकते हो। तुम जानना चाहते हो मैंने क्या देखा, मेरा जवाब है मैंने देखकर क्या समझा,

मैंने इवॉल्यूशन पर बहुत कुछ देखा और उसे अपने काग़ज़ों पर उतार लिया।

वॉलेस : कोई एग्जाम्पल दो।

डारविन : हम इन्सानों का पूर्वज कौन था? मेरा जवाब है बन्दर। लेकिन इस बदलाव में 2000–6000 साल लगे होंगे।

वॉलेस : ठीक है अब तुम आराम कर लो मैं देखता हूँ।

(डारविन अपने कक्ष में जाते हुए। वॉलेस पब्लिक से बात करते हुए)

वॉलेस : मुझे कोई दो महीने लगे डारविन की थ्योरी को पढ़ने और समझने में। डारविन इवॉल्यूशन अर्थात् 'क्रमागत उन्नति' में प्रमाण देते हैं कि जैसे यह संसार मान चुका है अवशेषों के आधार पर कि दुनिया में डायनासोर थे लेकिन प्रकृति ने अपनी बदलती विविधता के कारण इतने बड़े जानवर को समाप्त कर छोटे–छोटे जानवरों में परिवर्तित कर दिया। फिर डारविन लिखता है दुनिया में संघर्ष चल रहा है– मरो या मारो। अर्थात् "Survival of the Fittest" जो बच गया वह सर्वश्रेष्ठ है। डारविन तैयार हो गया है, आगे वह ख़ुद बतायेंगे।

डारविन : थैंक्स वॉलेस, प्रकृति हमें अपने अनुसार ढालने के लिए बाध्य करती है। मैंने चिड़ियों की चोंच को नापा। उसके आकार को देखा, कुछ चिड़ियाँ बीज खाती हैं, कुछ फूलों के रस चूसती हैं। हर द्वीप पर प्रकृति ने सब कुछ अपने अनुसार बदल लिया है। कुछ चोंच माँस खाने के लिए है तो कुछ चोंच पेड़ में छेद करने के लिए है। अब यह समझ में आया कि शरीर का जो हिस्सा ज़्यादा प्रयोग में होता है उसे प्रकृति बड़ा कर देती है जैसे जिराफ की गर्दन लम्बी

क्यों है? क्योंकि जब तक उसे पर्यावरण में नीचे ही फल या पत्ते चरने को मिल जाते थे तब तक ठीक था लेकिन यही फल और पत्ते नीचे ख़त्म हो गये तो इनकी गर्दन इतनी लम्बी हो गयी कि 10–15 फ़ीट ऊँचे पड़े से पत्ते और फल खा सकें। जैसे वॉलीबाल के खेल में स्मैश का सर्विस करने वाले या अधिक खेलने वाले खिलाड़ियों का वो पंजा बड़ा हो जाता है। यह सब मेरी किताब 'द वॉइस ऑफ़ द बिगल' ''जीव जाति का उद्भव' में लिखा है। आज हम जो अजीब चीज़ देखते हैं उनकी उत्पत्ति तथा विविधता को समझने के लिए उनका 'विकास का सिद्धान्त' सर्वश्रेष्ठ है। अब मैं अपने मित्र के साथ मिलकर एक उदाहरण पेश करने जा रहा हूँ।

(वॉलेस बन्दर बन जाते हैं और वैसी ही आवाजें निकालने लगते हैं।)

डारविन : अरे वॉलेस ये क्या हो गया, तुम यहाँ आओ।

(वॉलेस बन्दर बनकर चलता है और पहुँचकर सीधा खड़ा हो जाता है और आदमी बन जाता है।)

थैंक्यू वॉलेस।

(गले लगा लेता है। वॉलेस का मंच से प्रस्थान।)

देखा आपने, वहाँ उस कोने पर मिस्टर वॉलेस बन्दर थे और मुझ तक पहुँचते–पहुँचते वो आदमी बन गये। इस बीच लाखों साल लग गये यह समझने की बात है। अन्त में दो बातें कहना चाहूँगा अमोनिया, फास्फोरस आदि नमक घुले गरम पानी के किसी गड्ढे में प्रकाश, ऊष्मा, विद्युत के प्रभाव से निर्जीव पदार्थ से पहले जीव की उत्पत्ति हुई होगी। अन्त में

यह बता दूँ कि मैं चार्ल्स डारविन इन्सानों का पूर्वज किसी पवित्र ग्रन्थ से सहमत नहीं हूँ।

अच्छा अब तुम जिराफ बन जाओ और अपने आसपास पत्ते और घास खाओ।

(मित्र जिराफ बन जाता है लेकिन गर्दन छोटी है)

डारविन : ठीक है अब तुम मेरे पास आ जाओ।

(दाहिने हाथ को ऊपर करके एक हाथ से पत्तियाँ खा रहे हैं)

थैंक्यू फ्रेंड (नाम)

मैं यह दिखाना चाह रहा हूँ कि जिराफ के आसपास की वनस्पति जब ख़त्म हो गयी तो वह अपनी गर्दन बड़ी करके पेड़ों से पत्तियाँ और फल खाने लगा, जिसमें लगभग 3–4 लाख साल लगे होंगे। यही मेरी Evolution की थ्योरी है।

39

अन्तिम प्रजा

(बलपुर राष्ट्र का राजदरबार, प्रजा के मध्य राजा बन्दी है। चेतय्या के आरोप)

राजा : ठीक है मैं उत्तर दूँगा।

चेतय्या : स्वर्गीय राजा महान की हत्या का षड्यन्त्र रचने वाली अपराधिनी आपकी घनिष्ठ मित्र थी?

राजा : मेरा दोष यह है कि मैंने स्वप्नीला को महल का रास्ता दिखाया। जबकि स्व. राजा महान कंजनापुर राष्ट्र में चरित्र हनन के दोषी हैं। उसी दोष से स्वप्नीला जन्मी थी।

चेतय्या : क्या यह सच नहीं है कि ज्योतिष महाराज के धोखे में फँसकर कुओं की खुदाई, मवेशियों के जल संचय की योजना, उपनदी खोदने का काम बन्द कराया?

राजा : हाँ यह भूल मुझसे अवश्य हुई है।

चेतय्या : प्रजा की मेहनत से बनाया अन्न भण्डार दूसरे राष्ट्रों को कम मूल्य पर पर बेचा? क्या प्रजा की राय आवश्यक नहीं थी?

राजा : मैंने पूछना आवश्यक नहीं समझा।

चेतय्या : स्व. राजा महान के नाम पर अष्टधातु की स्मारक का निर्माण तब शुरू कराया जब जनहित योजनाओं के लिए धन नहीं बचा था?

राजा : अष्टधातु के भण्डार पर सर्वप्रथम अधिकार राजपरिवार का होता है।

चेतय्या : उचित, तुम पर आरोप है कि सैनिकों की भर्ती पर रोक पड़ोसी राज्य कंजनापुर से तनावपूर्ण सम्बद्ध, एक राजा अपने निकटतम के अवगुणों को नहीं पहचान सका, ऐसा व्यक्ति राजा के योग्य नहीं हो सकता।

राजा : इस समय ये राजा तुम्हारे धनुषधारियों से घिरा तुम्हारा बन्दी है।

चेतय्या : आज भी तुम्हारा यह कहना है कि अष्टधातु का भण्डार का सर्वप्रथम अधिकार राजा व राजपरिवार का होता है, प्रजा का नहीं।

राजा : मेरा उत्तर सही था।

चेतय्या : धूर्त स्वप्नीला का पाखण्डी ज्योतिष जिसने झूठी भविष्यवाणी कर कहा कि समुद्र में हलचल से समुद्र का जलस्तर बढ़ेगा। तुमने सोचे–समझे बिना दरबार की सहमति के बिना सारी योजनाएँ बन्द कर दी, न समुद्र में हलचल हुई, भुखमरी, सूखा पड़ गया। मूर्ख जान–माल की इतनी बड़ी क्षति पहले कभी नहीं देखी गयी। बलपुर की प्रजा अन्न के बिना भूखी मर गयी और तुमने अन्न भण्डार को स्वप्नीला के कहने पर कंजनापुर को कम मूल्य पर बेच दिया।

राजा : क्या मेरे धड़ को दो भागों में बाँटने की योजना है?

चेतय्या : घबराओ नहीं, अभी निर्णय नहीं हुआ है। तुम्हारे सन्तोष के लिए बता दूँ कि रक्त और रक्त की दुर्गन्ध यह राजमहलों में होता होगा। हम तो खेतों में बीज से फ़सल उगाना जानते हैं। स्वप्नीला ने चरित्रहीन जन्मदाता राजा प्रथम की द्वेष में हत्या कर बलपुर राष्ट्र को नष्ट करने के कगार पर पहुँचा दिया।

लेकिन आप जनप्रिय योजनाओं, अमूल्य अष्टधातु भण्डार को नष्ट करते रहे। हम सदैव सेवक और तुम सदैव पूजनीय बन हमारा दोहन करते रहोगे।

राजा : मैं स्वीकार तो कर रहा हूँ।

चेतय्या : तुम्हारे स्वीकार में भय है अपराध बोध नहीं। क्या प्रजा के दरबार में अपराधी राजा मूर्ति बन गया। ठीक है। मैं निर्णय लेता हूँ।

(चेतय्या विश्राम के लिए बैठता है)

ज्ञानगुरु : आज हमें यह निर्णय लेना है कि क्या पूर्व राजा व उसके विशेषज्ञों के अनुमोदन पर राष्ट्र में चलाई जाने वाली जनहित योजना को क्या मात्र सत्ता परिवर्तन के बाद बने राजा द्वारा प्रतिद्वन्द्विता, अज्ञानता व ईर्ष्यावश उन जनहित योजनाओं को बन्द करने पर प्रजा क्या दण्ड देती है। इस अज्ञानी राजा को दण्ड देकर हम पूरी पृथ्वी के अन्य राष्ट्रों को सन्देश दे सकते हैं।

चेतय्या : अच्छा तो आप निर्णय नहीं लेंगे, मुझे यह अधिकार देते हैं।

(चेतय्या की जय हो, चेतय्या की जय हो)

पृथ्वी पर एक महापुरुष ने कहा है कि जिस स्थान पर विवाद हो और विवाद का हल न हो, वह स्थान छोड़ देना चाहिए। अतः हम प्रजा राष्ट्र के पूर्व व दक्षिण की सीमा के बाहर स्थित उस स्थान पर चले जायेंगे, जहाँ बहुत बड़ी धरती जल, वन आदि मानव जाति से अछूते हैं। वहाँ प्रजा का अपना राज होगा। अपने खेत होंगे, अपना परिवार और पालतू जीव–जन्तु, नहीं होंगे तो बस तुम्हारे जैसा राजा, राजपरिवार व राजमहल। राजा यह तुम्हारी 'अन्तिम प्रजा' है।

(मंच से सभी लोगों का धीरे–धीरे पंक्तिबद्ध प्रस्थान)

राजा : हे चेतय्या मैं तुमसे अनुरोध करता हूँ, मुझे छोड़कर मत जाओ, हे सेनापति, हे ज्ञानगुरु रुक जाओ, मैं सारी योजनाएँ पुनः लागू कर दूँगा।

40

रघुकुल रीत (हास्य)

(प्रिंसिपल कुर्सी पर बैठे हैं। सामने मेज़ रखी है। शान्तनु खड़ा है। उसके पिता शर्माजी बैठे हैं और दूसरी तरफ़ त्रिवेदी सर बैठे हैं।)

दृश्य–1 (सन् 2000)

प्रिंसिपल : बताइये शान्तनु क्या कम्पलेंट है?

शान्तनु : सर त्रिवेदी सर ने मेरे कान ऐंठ दिये, मुझे थप्पड़ मारा।

प्रिंसिपल : त्रिवेदी क्या शान्तनु सही बोल रहा है?

त्रिवेदी : प्रिंसिपल सर ये लोग क्लास में शैतानी करते हैं। मैं डाँटता ज़रूर हूँ लेकिन किसी को हाथ नहीं लगाया, ये झूठ है।

शान्तनु : यह सच है मैं साबित कर सकता हूँ।

प्रिंसिपल : तुम्हारे पास इसका सबूत है?

शान्तनु : जी हाँ! ये देखिए मुझे मारते वक़्त मोबाइल पर फोटो है।

त्रिवेदी : ये किसका मोबाइल है?

शान्तनु : ये कल्पना का मोबाइल है।

त्रिवेदी : अच्छा तो मैं प्रिंसिपल सर आपको शान्तनु और कुछ लड़के–लड़कियों की वीडियो दिखाता हूँ।

प्रिंसिपल : ओह नो! ये स्कूल में आख़िर चल क्या रहा है?

त्रिवेदी : जब से मोबाइल आया है अब यही सब होगा।

(प्रिंसिपल शान्तनु के पिता से बात करते हुए)

प्रिंसिपल : अब कोई मोबाइल स्कूल लाया तो मैं ज़ब्त करवा लूँगा।

त्रिवेदी : सर भूले से ये काम मत करिएगा, दूसरे स्कूल में छात्रों ने मोबाइल चोरी की एफ.आई.आर. लिखा दी है।

प्रिंसिपल : आपकी क्या राय है शर्माजी!

शर्माजी : सर मैं तो यह कहने आया था बहुत दिन से आप डिनर पर नहीं आये।

दृश्य–2 (सन् 1950)

प्रिंसिपल : हाँ बताइये त्रिवेदी जी, इस शैतान शान्तनु को कैसे ले आये?

त्रिवेदी सर : सर चौकीदार ने बताया है ये एग्जामिनेशन रूम का ताला खोलने की कोशिश कर रहा था।

शान्तनु : सर आरोप लगाने से पहले एक बार सोचना चाहिए आपको। मैं राष्ट्रीय स्तर का खिलाड़ी हूँ। मुझे हॉकी चाहिए थी, कमरों के बाहर कोई बोर्ड थोड़ी ही लगा है, गेम्स रूम, एग्जामिनेशन रूम, मैं तो गेम्स रूम समझकर ताला खोल रहा था।

प्रिंसिपल : शान्तनु, गेम्स टीचर सेठ मैम ने बताया था कि चाबी शान्तनु के पास है।

त्रिवेदी सर : जब तुम्हारे पास गेम्स रूम की चाबी थी तो वो कमरा खोलते, लेकिन ताज्जुब तो यह है कि तुमने गेम्स रूम की चाबी से एग्जामिनेशन रूम का ताला खोल

लिया। असल में तुम नेशनल लेवल के खिलाड़ी के साथ–साथ एक नम्बर के फरोडिया हो।

प्रिंसिपल : Mind your language Mr. Triwadi, Fraud वर्ड होता है, ये आपने कहाँ से सीख लिया।

त्रिवेदी सर : सर मैं तो इंगलिश में फरोडिया ही बोलता हूँ। पुराने लखनऊ की बोली है।

प्रिंसिपल : अच्छा ठीक है ये बताओ, एग्जामिनेशन रूम का ताला कैसे खोल लिया मेरे बच्चे।

शान्तनु : सर ऐसा हुआ होगा कि जो चाबी मुझे सेठ मैम ने दी वो ग़लती से एग्जामिनेशन रूम वाली दे दी होगी।

प्रिंसिपल : तुरन्त मुर्गा बन जाओ, एग्जामिनेशन रूम की चाभी मेरी ड्राअर में रखी है, मेरे पास रहती है।

दृश्य–3 (सन् 1900)

(त्रिवेदी सर शान्तनु को पहाड़ा याद कराते हुए)

त्रिवेदी सर : छः एकम छे।

शान्तनु : छः एकम छे।

त्रिवेदी सर : छः दूनी बारह।

शान्तनु : छः दूनी बारह।

त्रिवेदी सर : छः तियाई अठारह।

शान्तनु : छः तियाई चौदह।

त्रिवेदी सर : छः तियाई अठारह शान्तनु।

शान्तनु : छः तियाई सोलह।

त्रिवेदी सर : अबे नालायक शान्तनु, छः इकम छः, छः दूनी बारह, छः तियाई अठारह।

शान्तनु : छः इकम छः, छः दूनी बारह, छः तियाई तेरह।

त्रिवेदी सर : अबकी तुमने अगर सही नहीं सुनाया तो समझ लो आज तुम्हारी बेंतपूजन होगी।

शान्तनु : छः इकम छः, छः दूनी बारह, छः तियाई उन्नीस।

त्रिवेदी सर : अच्छा शान्तनु जाओ अन्दर से हमारा गर्दा झाड़ने वाला बेंत उठा लाओ।

शान्तनु : गुरुजी इसका क्या करेंगे आप?

त्रिवेदी सर : ये बेटा पहाड़ा याद करने की मशीन है, तुम अटक रहे हो ना।

(शान्तनु को बेंत से पीटते हुए शान्तनु चिल्लाता हुआ)

छः इकम...

शान्तनु : *(मार खाकर चिल्लाते हुए)*

त्रिवेदी सर : छः इक्कम...

शान्तनु : छः तियाई अठारह...

त्रिवेदी सर : छः दूनी बारह...

शान्तनु : आह छः चौको चौबीस बस गुरु जी।

(गुरुजी के हाथ से बेंत लेकर रख देता है और गुरुजी के पैर दबाये जाता है)

छः अट्ठे अड़तालीस

छः नाम चौवन

छः धाम साठ

(गुरुजी तो सो गये)

दृश्य–4 (सन् 1850)

गुरुजी : हाँ नत्था... आज तुम्हारा लड़का नहीं आया? फ़ीस लाये हो, या चने का आटा, पूरे एक साल की बाकी है।

नत्था : गुरुजी बधाई हो, तुम फिर दादा बन गये।

गुरुजी : ये बताओ तुम्हारे लड़के को सातवीं कक्षा में रखूँ या निकाल दूँ।

नत्था : तुम भइया 10 बेंत मार लो, न फ़ीस है न गल्ला।

गुरुजी : तो ठीक है।

(गुरुजी बेंत उठाते ही हैं कि नत्था मंच पर भागना शुरू कर देता है, बेंत लिए गुरुजी पीछे–पीछे, गुरुजी कन्धे के बल गिर जाते हैं, नत्था गुरुजी को कुर्सी तक लाता हैं, गुरुजी का हाथ पकड़ दबाने के बाद कन्धा सहला देता है।)

नत्था : डरने की कोई बात नहीं, पखौरा खिसका गया था, बैठा दिया है। मौसी से कहकर शाम को तेल से सिकाई कर लेना।

41

बंगाली डॉक्टर

दृश्य–1

(शहर से लगभग 80 किमी. दूर एक गाँव सुन्दरपुर है जहाँ एक रिटायर्ड फ़ौजी का बेटा शहर में पढ़कर आया है। मंच पर बाप–बेटे का प्रवेश)

पुरुषोत्तम : *(दर्शकों से बात करते हुए)* गाँव वालो जानते हो मेरे साथ खड़ा लड़का मेरा बेटा आशुतोष है। ये दिल्ली डॉक्टरी की पढ़ाई करके आया है। अब आगे तुम बताओ।

(आशुतोष सबको नमस्कार करते हुए)

आशुतोष : इसी गाँव में मैं पैदा हुआ, मेडिकल की पढ़ाई करने के लिए बड़ी मेहनत पड़ी जिसके कारण मैं कई साल से गाँव नहीं आ सका।

पुरुषोत्तम : डॉ. आशुतोष अब गाँव में ही रहकर अपना अस्पताल बनायेंगे, ताकि गाँव वालों को हाइड्रोसील का ऑपरेशन या टाँके लगवाने शहर नहीं जाना पड़े।

(डॉ. आशुतोष ज़िन्दाबाद, पुरुषोत्तम ताऊ ज़िन्दाबाद, अधर खिलावन कहीं से दौड़ता हुआ आशुतोष के पास पहुँचता है, वह आशुतोष का बचपन का मित्र है।)

आशुतोष : क्या बात है खिलावन, तुम इतने घबराये हुए क्यों हो?

खिलावन : अरे आशुतोष तुम तो डॉक्टरी पढ़े हो, काकर कोला गाँव के प्रधान जियालाल के लड़के को साँप ने काट लिया है।

आशुतोष : कितनी देर हुई?

खिलावन : यही कोई एक घण्टा।

आशुतोष : किसी ने साँप को काटते देखा या कोई काटने का निशान है।

खिलावन : हाँ प्रधान जी ने ख़ुद देखा लेकिन साँप बिल में घूस गया।

आशुतोष : मैं अपना दवाई का बैग ले आऊँ।

(इंजेक्शन निकालकर चैक करता है, चलो।)

दृश्य–2

(भीड़ लगी है, चारपाई पे लड़का ख़ामोश लेटा है, खिलावन प्रधान जी से डॉ. आशुतोष का परिचय कराते हुए)

खिलावन : ये डॉक्टर साहब है डॉक्टरी की बड़ी पढ़ाई दिल्ली से की है।

प्रधान जी : डॉक्टर तो हमने भी बुलवा रखा है, वो भी आता ही होगा, बहरहाल किसी तरह मेरे बच्चे को बचाइये।

(आशुतोष बच्चे का निरीक्षण करता हुआ, वो बच्चे का मुँह चादर से ढक देता है। आशुतोष प्रधान जी से बात करते हुए)

आशुतोष : प्रधान जी मैंने अच्छी तरह से आला लगाकर आँखों में टॉर्च की रोशनी मारकर चैक किया, नब्ज भी देखो है लेकिन मेरे पहुँचने में देर हो गयी, वो अब जीवित नहीं है।

प्रधान जी : अच्छा मेरा बेटा जीवित नहीं है, ये कल के लड़के बहुत बड़े डॉक्टर हैं। (व्यंग्य में कहता है) जाइए, जाइए बंगाली डॉक्टर अभी आता ही होगा। वो तो साँप काटे लोगों के मरने पर भी ज़िन्दा कर देता है।

खिलावन : डॉक्टर भइया खैरियत हो तो यहाँ से खिसक लो लठबाजों का गाँव है।

आशुतोष : लेकिन मैं देखना चाहता हूँ कि बंगाली डॉक्टर कैसे मरे को ज़िन्दा कर देता है?

(खिलावन के काफ़ी मनाने पर भी आशुतोष नहीं मानता है और पेड़ के नीचे जाकर खड़ा हो जाता है। तभी मंच पर बंगाली डॉक्टर का प्रवेश।)

बंगाली डॉक्टर : अरे प्रधान जी इतना उदास क्यों हो?

प्रधान जी : यह शहरी डॉक्टर दिल्ली के पढ़े हैं। बता रहे हैं कि मेरा लड़का ख़त्म हो गया।

बंगाली डॉक्टर : लेकिन मुझे तो बताया गया था कि साँप ने काटा है। चाहे ज़िन्दा हो, चाहे मर गया हो, मैं ज़िन्दा करके ही दम लूँगा। इस तरह के नौजवान लड़के माँ–बाप पर पढ़ाई के नाम

बोझ हैं। मैंने भी 'डिप्लोमा इन स्नेक साइंस' में ऐसे ही नहीं किया है। ज़रा बताओ तो साँप ने कहाँ पे काटा है।

(साँप के काटे का निशान देखते हुए)

प्रधान जी : अन्दर से गरम पानी ले आओ।

बंगाली डॉक्टर : अच्छा किया जो पानी गरम करवा लिया।

(पानी कान और नाक में भरते हुए, तभी वहाँ काला धुआँ निकलता है।)

मेरा काम हो गया, एक घण्टे बाद इसको गुनगुना दूध पिला देना। 100 रुपये मेरी फ़ीस दे दीजिए, ऊँच गाँव भी जाना है। वहाँ भी किसी लड़की को साँप ने काटा है। बरसात में यूँ भी साँप बहुत निकल आते हैं।

प्रधान जी : आप वक़्त पे आ गये, आपका बहुत–बहुत धन्यवाद। ये लीजिए 100 रुपये।

आशुतोष : ठहरो, बंगाली डॉक्टर तुम अभी नहीं जा सकते। तुम्हें एक घण्टा रुकना पड़ेगा नहीं तो मैं पुलिस बुला लूँगा।

बंगाली डॉक्टर : तुम्हारी इतनी हिम्मत कल का डॉक्टर आज हमें नसीहत देगा। प्रधान जी देखा आपने। हम पर अब इनकी चलेगी।

प्रधान जी : प्रधानी की कसम हमें इस नौसिखिये लड़के की बात सही लग रही है। बंगाली डॉक्टर एक घण्टा रुकने में क्या परेशानी है?

बंगाली डॉक्टर : नहीं, मैं नहीं रुक सकता, मेरी मजबूरी है।

प्रधान जी : पकड़ लो इसे जाने न पाये।

(एक घण्टे का इन्तजार करते हुए, सब बंगाली डॉक्टर पर नज़र रखते हैं लेकिन लड़का आँख नहीं खोलता।)

प्रधान जी : निकालो तो लाठियाँ, बंगाली हमको मूर्ख समझता है।

(अंदर से लाठी आती है।)

आशुतोष : अब दूसरी ग़लती मत कीजिये प्रधान जी। ग़लती आपकी है। भगवान ने जिसे वापस ले लिया, उसे बंगाली डॉक्टर क्या हमारी साइंस वापस नहीं ला सकती। लेकिन यह मत भूलिये, आपकी मरहम–पट्टी, खाँसी–बुखार, इतना तो शायद ये लोग ठीक कर लेते ही होंगे।

प्रधान जी : बेटा तुम पुरुषोत्तम जी के लड़के हो। वो महान् हैं जिसने तुम्हें जन्म दिया। अगर गाँव में ही रहोगे तो मेरे जैसे नासमझों को सही रास्ते पर ले आओगे।

आशुतोष : अब मेरे पीछे छिपने की कोई ज़रूरत नहीं है, जितना जानते हो उतना करो। भारत में स्वास्थ्य व्यवस्था अच्छी नहीं है, तब तक खाँसी–बुख़ार का इलाज इन जैसे बेरोज़गार से करा लें।

42

चाणक्य

जन्म : 376 ई.पू.–283 ई.पू. तक्षशिला, पाकिस्तान
देहान्त : पाटलीपुत्र
धर्म : जैन हिन्दू
ग्रन्थ : अर्थशास्त्र
पिता : चणक
प्रसिद्धि का कारण : अर्थशास्त्र ग्रन्थ
अन्य नाम : कौटिल्या, विष्णु गुप्त
ज्ञान : कूटनीति, अर्थनीति, राजनीति, जनकल्याण तथा महाज्ञान का कुटिल उपयोग अखण्ड भारत के निर्माण जैसे सृजनात्मक कार्यों में करने के कारण वह कौटिल्य कहलाये।

दृश्य–1

(मंच पर पाटलीपुत्र के नन्द वंश के राजा धनानन्द, सैनिक, आचार्य व अतिथिगण मौजूद, प्रसाद का वितरण राजा द्वारा हो रहा है)

राजा धनानन्द : इस शुभ अवसर पर आप सब अतिथि, विद्वान आगे बढ़कर प्रसाद ग्रहण करें तथा साथ ही उपहार भेंट भी स्वीकार करें।

(दो ब्राह्मणों के बाद चाणक्य हाथ बाँधकर प्रणाम करते हैं।)

चाणक्य : श्रीमान् राजा धनानन्द जी, मैं आचार्य चाणक्य एक अनुरोध लेकर आया हूँ।

धनानन्द : आचार्य क्या अनुरोध है?

चाणक्य : श्रीमान्, मैं अखण्ड भारत की बात कर रहा हूँ और वो पोरु राष्ट्र से यमन शासक सेल्युकस को भगा दें।

राजा धनानन्द : आचार्य तुमने मेरे ही दरबार में मेरे अतिथि के लिए अपमानजनक शब्द कहकर निन्दा की है, मेरे जीवित रहते सेल्युकस को पूर्ण सुरक्षा मिलेगी।

चाणक्य : मैं जानता हूँ तुमने पोरु राष्ट्र के राजा की हत्या सेल्युकस से करवाई थी।

धनानन्द : सैनिकों इसे दरबार से बाहर फेंक दो।

चाणक्य : *(अपनी चुटिया की शिखा खोलते हुए क्रोधित होकर)* मैं प्रतिज्ञा करता हूँ *(शिखा खोल देते हैं)* मैं जब तक नन्दों का नाश न कर दूँ तब तक अपनी शिखा नहीं बाँधूँगा।

(क्रोधित होकर मंच से जाते हुए)

दृश्य–2

(राजकुमार चन्द्रगुप्त ने एक बालिका के लाज की रक्षा की और सैनिक का वध किया। जिसे चाणक्य ने देखा।)

चाणक्य : राजकुमार चन्द्रगुप्त मैंने तुम्हारी वीरता, धैर्य, साहस और नारी के प्रति सम्मान देखा।

चन्द्रगुप्त : मुझे पूर्ण विश्वास है कि मेरी वार्तालाप तक्षशिला के आचार्य चाणक्य से हो रहा है।

(दोनों गले मिल जाते हैं)

चाणक्य : चन्द्रगुप्त तुममें मगध के राजा बनने के सभी गुण व्याप्त हैं। अर्थात् तुम चक्रवर्ती राजा बनने के योग्य हो। क्यों न हम परवर्तक की सेना लेकर पाटलीपुत्र पर चढ़ाई कर दें।

(युद्ध का मैदान, चाणक्य, चन्द्रगुप्त व राजा परवर्तक की सेना लेकर नन्दों को मार डालते हैं और चाणक्य अपनी चोटी की शिखा बाँधते हैं।)

दृश्य–3

चन्द्रगुप्त : आज अगर मैं मगध का राजा हूँ तो आचार्य कौटिल्य की पारंगत दूरदर्शी राजनीतिज्ञ के रूप में मौर्य साम्राज्य के आप संस्थापक और संरक्षक हैं।

चाणक्य : राजा चन्द्रगुप्त भारत में सिकन्दर के आक्रमण के कारण छोटे–छोटे राज्यों की पराजय से दुःखी हूँ मैं।

चन्द्रगुप्त : तो क्या आचार्य राजनीति में प्रवेश करेंगे।

चाणक्य : मैं भारत को गौरवशाली और विशाल राज्य अर्थात् अखण्ड भारत के रूप में देखना चाहता हूँ।

दृश्य–4

चाणक्य : शिष्य राज्य की उत्पत्ति दैवी सिद्धान्त के स्थान पर सामाजिक समझौते व अराजकता को मानता हूँ।

शिष्य : स्वामी अर्थात्...

चाणक्य : 1. स्वामी (राजा) शीश के तुल्य, वो कुलीन बुद्धिमान, साहसी, धैर्यवान, संयमी, दूरदर्शी तथा युद्धकला में निपुण।

2. अमात्य (मन्त्री) मन्त्रीगण, सचिव, प्रशासनिक व निर्भीक पदाधिकारी।

3. जनपद (भूमि तथा प्रजा या जनसंख्या)।

4. दुर्ग (किला)।

5. कोष (राजकोष)।

6. दण्ड (बल, सेना)।

7. सुदर्ह (मित्र) वो जो शान्ति और युद्धकाल दोनों में सहयोगी हों।

शिष्य : आपके अर्थशास्त्र के नियमानुसार राज्य का क्या हित है?

चाणक्य : राज्य का हित सर्वप्रिय है। इसके लिए कई बार नैतिकता के सिद्धान्त को भी परे रखना पड़ता है। सत्ता का अर्थ केवल शान्ति व्यवस्था और सुरक्षा करना नहीं, वरन सर्वोच्च विकास में योगदान भी देना है।

शिष्य : आचार्य धर्म सर्वप्रिय है या राज्य?

चाणक्य : यद्यपि मनु की तरह धर्म को सर्वप्रिय मानकर राज्य को धर्म के अधीन मानता है किन्तु प्रजा द्वारा धर्म का पालन न किये जाने पर राजा को राजधर्म का पालन करना होगा।

शिष्य : राजा का सर्वोच्च हित क्या है?

चाणक्य : राजा का सर्वोच्च हित प्रजा के हित में निहित है।

शिष्य : अर्थशास्त्र क्या है?

चाणक्य : राजशास्त्र ही अर्थशास्त्र है। सुख का मूल धर्म, धर्म का मूल अर्थ।

शिष्य : आचार्य राजा और राज्य के न्याय पर प्रकाश डालें।

चाणक्य : यह गम्भीर प्रश्न है। इसका उपाय भी मैंने अपने ग्रन्थ अर्थशास्त्र में लिखा है। राज्य का विधान न्याय पर चलेगा, किन्हीं विशेष परिस्थितियों में राज्य के शास्त्र का विधान धर्म विपरीत हो तब वहाँ राज्य का शास्त्र (संविधान) चलेगा।

43

अमूल-वर्गीज कुरियन

जन्म : नवम्बर 26, 1921, कोझीकोड़, केरल

देहान्त : सितम्बर 9, 2012, नाडयाड, गुजरात

उपाधि : फादर ऑफ द व्हाइट रिवॉल्यूशन

(मंच पर अकेले *कुरियन अपनी अटैची पैक कर रहे हैं। तभी त्रिभुवनदास* पटेल का प्रवेश)

दृश्य–1

त्रिभुवन : क्या बात है कुरियन, कहीं जाने की तैयारी है?

कुरियन : त्रिभुवन जी मैंने सरकारी नौकरी छोड़ दी।

त्रिभुवन : इसका मतलब यह हुआ कि तुमने मेरे सुझाव का आदर नहीं किया।

कुरियन : यह कहने का आपको अधिकार है। अमेरिका से मैकेनिकल इंजीनियरिंग करने का क्या उद्देश्य रह गया?

त्रिभुवन : देखो तुम नौजवान हो, इतना कुछ मिशिगन से पढ़कर आये हो। उस ज्ञान का उपयोग मशीनों में नहीं तो कुछ और काम कर लो। मैं तुम्हें आनन्द से जाने नहीं दूँगा।

कुरियन : देखिए, मैं आपको अपना मित्र ही नहीं, संरक्षक भी मानता हूँ। आप कहना क्या चाहते हैं, स्पष्ट करें।

त्रिभुवन : यहाँ किसानों के दूध को लूटा जा रहा है।

कुरियन : अच्छा तो मैं एक ऐसी मशीन बनाऊँ जिससे किसानों का दूध लुटना बन्द हो जाय?

त्रिभुवन : बस–बस मैं यही कह रहा हूँ लेकिन उसमें मशीन की कोई आवश्यकता नहीं है।

(कुरियन अपनी पैकिंग का काम रोककर कुर्सी पर बैठ जाते हैं)

कुरियन : तो मेरे लिए क्या आदेश है?

त्रिभुवन : मैं तुम्हें पहले ही बता चुका हूँ कि खेड़ा में किसानों का एक सरकारी दूध संघ है। दूध इकट्ठा करने और बेचने के लिए। तुम बस अपना ज्ञान उसको डेवलप करने में लगा दो।

कुरियन : त्रिभुवन जी यह बतायें कि मेरी पढ़ाई का दूध से क्या रिश्ता है?

त्रिभुवन : तुमने बड़ा अच्छा सवाल किया है। तुम्हारे ज्ञान पर देश का अधिकार है, ऐसा मैं मानता हूँ।

(कुरियन अपना सामान वापस रखते हुए)

कुरियन : ठीक है त्रिभुवन जी।

दृश्य–2

(अगले दिन दोनों खेड़ा के बाजार में टहलते हुए एक चाय की दुकान पर)

त्रिभुवन : यहाँ दूध का सही दाम न देकर किसानों का शोषण किया जा रहा है।

कुरियन : इसका एक मुख्य कारण है यह सारा सिस्टम अनऑर्गनाइज्ड है। पहले दूध बिचौलिये ख़रीदते हैं

फिर वही दूध मनमाने दाम पर मिलावट के साथ शहर पहुँच जाता है।

त्रिभुवन : मुझे लगता है मेरा काम पूरा हो गया, मैं सारे दूध वाले किसानों को अभी बुला लेता हूँ और तुम्हारा परिचय करा देता हूँ।

कुरियन : ठीक है बुला लो, आगे मैं बताता हूँ।

(मंच पर 8–10 किसानों का प्रवेश)

त्रिभुवन : साथियो यह नौजवान वर्गीज कुरियन है। यह अमेरिका से सन् 49 में पढ़कर लौटे हैं। सरकारी नौकरी कर रहे थे, मैंने कहा हम दूध वालों की परेशानी दूर कर दो।

कुरियन : देखिए मैं दूध के बारे में सिर्फ़ इतना जानता हूँ कि जब से मैंने होश सँभाला है तब से आज तक न तो मुझे दूध पसन्द है और न ही मैं पीता हूँ। लेकिन आप लोग अपनी समस्याए बतायें।

किसान–1 : साहब हमारे पास गाय, भैंस सब कुछ है लेकिन दूध का दाम शहर में है। उसका चार आना भी हमें नहीं मिलता।

किसान–2 : हमारा पेवर दूध जिसे हम बिचौलियों को बेचते हैं, ग्राहकों को उस दूध में पानी, सफ़ेद इंक और न जाने क्या–क्या मिलाकर पहुँचाते हैं।

किसान–3 : साहब दिसम्बर से मार्च तक बछड़ों का जन्म होता है, उन दिनों दूध ज़्यादा होता है। हम तो शहर जा नहीं सकते कितनी साइकिल चला लेंगे, ख़ासकर उन दिनों बिचौलिये दाम गिरा देते हैं।

किसान–4 : जानवर के डॉक्टर भी शहर में हैं। जानवर के साथ आने–जाने में तीन दिन लग जाते हैं। बड़ी परेशानी है।

किसान–5 : दूध को बचाकर रखना भी बड़ा मुश्किल काम है। कुछ इन्तिज़ाम हो जाये तो बिटिया का ब्याह भी हो जाये।

कुरियन : देखिए मैं आप लोगों की मूल समस्या समझ गया हूँ। अगर आप लोग मेहनत और ईमानदारी से सुझाव मानते रहें तो आप लोगों की सभी समस्या दूर हो सकती है।

(कुरियन साहब ज़िन्दाबाद, त्रिभुवन पटेल ज़िन्दाबाद)

त्रिभुवन : मुझे पूरी उम्मीद है तुम हमारी हर समस्या को हल कर लोगे।

कुरियन : सबसे पहले आप लोग एक बात अच्छी तरह समझ लें कि बिचौलियों को दूध नहीं देंगे। हम एक को–ऑपरेटिव सोसाइटी बनायेंगे जो किसान जितना दूध देगा उसे शहर में हम ही बेचेंगे। यह मुश्किल है लेकिन सम्भव है। हर किसान को ऑपरेटिव में मालिक होगा। दूध उसका ख़र्च उसका, मुनाफ़ा उसका।

त्रिभुवन : मेरी भी एक राय है, आने वाले वक़्त में हम अपने दूध से स्किम्ड मिल्क पाउडर और कंडेंस्ड मिल्क बनायेंगे।

कुरियन : लेकिन इसमें एक भारी समस्या है, नेस्ले और यूरोप के अन्य देशों में यह काम गाय के दूध से होता है लेकिन अब तक भैंस के दूध से यह पाउडर बनाने का आविष्कार नहीं हुआ है। यह काम मेरा मिशिगन का दोस्त डेरी विशेषज्ञ एच.एम. दलाया करेगा।

(अन्तिम दृश्य कुरियन को हार पहनाते हुए।)

44

यू.एन.ओ.

(संयुक्त राष्ट्र संघ 1977 के 32वें अधिवेशन में तब के प्रधानमन्त्री मोरारज़ी देसाई ने विदेश मन्त्री अटल बिहारी वाजपेयी को संयुक्त राष्ट्र में प्रतिनिधित्व का दायित्व दिया। अटल जी ने अपना लिखित भाषण हिन्दी में देकर हिन्दी और राष्ट्र का मान बढ़ाया।)

अटल जी : मैं भारत की जनता की ओर से राष्ट्र संघ के लिए शुभकामनाओं का सन्देश लाया हूँ। महासभा के इस बत्तीसवें अधिवेशन के अवसर पर मैं राष्ट्र संघ में भारत की जनास्था पुनः व्यक्त करना चाहता हूँ। जनता सरकार को शासन की बाग़डोर सँभाले केवल छः माह हुए हैं फिर भी इतने अल्प समय में हमारी उपलब्धि उल्लेखनीय है। भारत में मूलभूत अधिकार पुनः प्रतिष्ठित हो गये हैं। भय और आतंक के वातावरण ने हमारे लोगों को घेर लिया था, वह दूर हो गया है। ऐसे संविधानिक क़दम उठाये जा रहे हैं जिनसे यह सुनिश्चित हो जाये कि लोकतन्त्र और आज़ादी का फिर कभी हनन नहीं होगा। अध्यक्ष महोदय, वसुदेव कुटुम्बकम् की परिकल्पना बहुत पुरानी है। भारत में सदा से हमारा इस धारणा में विश्वास रहा है कि

संसार एक परिवार है। अनेकानेक प्रयत्नों और कष्टों के बाद संयुक्त राष्ट्र के रूप में इस स्वप्न के साकार होने की सम्भावना है जहाँ मैं राष्ट्रों की सत्ता और महत्ता के बारे में नहीं सोच रहा हूँज। आम आदमी की प्रतिष्ठा और प्रगति मेरे लिए कहीं अधिक महत्त्व रखती है। अतः हमारी सफलताएँ और असफलताएँ केवल एक ही मापदण्ड से मापी जानी चाहिए कि क्या हम पूरे मानव समाज, वस्तुतः हर नर–नारी और बालक के लिए न्याय और गरिमा की आश्वस्त देने के लिए प्रगतिशील है। अमरीका में चुनौती स्पष्ट है। प्रश्न यह है कि जनता को स्वतन्त्रता और सम्मान के साथ रहने का अधिकार है या रंगभेद में विश्वास रखने वाला अल्पमत, किसी विशाल बहुमत पर हमेशा अन्याय और दमन करता रहेगा?

निःसन्देह रंगभेद के सभी रूपों का जड़ से उन्मूलन होना चाहिए। हाल में इसराइल ने वेस्ट बैंक ऑफ़ गाजा में नयी बस्तियाँ बसाकर अधिकृत क्षेत्रों में जनसंख्या परिवर्तन का जो प्रयत्न किया है संयुक्त राष्ट्र को उसे पूरी तरह अस्वीकार और रद्द कर देना चाहिए। मेरी जिस समस्याओं का सन्तोषजनक और शीघ्र ही समाधान नहीं होता तो इसके दुष्परिणाम इस देश के बाहर भी फैल सकते हैं। यह भी आवश्यक है कि जिनेवा सम्मेलन का शीघ्र ही पुनः आयोजन किया जाये और उसमें पी.एल.ओ. को प्रतिनिधित्व दिया जाय।

अध्यक्ष महोदय, भारत सभी देशों से मैत्री चाहता है। किसी पर प्रभुत्व स्थापित करना नहीं चाहता। भारत के पास न तो आणविक शस्त्र शक्तियाँ हैं और न ही बना सकता है।

नयी सरकार ने अपने शब्दों में घोषणा की है कि हमारी कार्यसूची का एक सर्वप्रिय विषय जो आगामी अनेक वर्षों और दशकों में बना रहेगा, मैं भारत की ओर से इस महासभा को आश्वस्त कर देना चाहता हूँ कि अनेक विषय के आदेशों की प्राप्ति और मानव के कल्याण तथा उसके गौरव के लिए त्याग और बलिदान की वेला में पीछे नहीं रहेंगे।

जय जगत
धन्यवाद

45

मेधा पाटकर

(एक कक्षा का दृश्य जहाँ पर्यावरण पर बात हो रही है)

अरविन्द : ये बात तो तुम लोगों को मालूम ही है कि केन्द्र की सरकार ने गुजरात के सूखाग्रस्त इलाक़ों में पानी पहुँचाने तथा मध्य प्रदेश के लिए बिजली पैदा करने के लिए नर्मदा नदी पर सरदार सरोवर बाँध को बनाने की अनुमति दे दी है।

मेधा : अगर ऐसा हुआ तो हज़ारों आदिवासियों का नुकसान होगा। साथ ही दूसरे किसानों की खेती, उनके टूटे कच्चे मकान और बहुत से गाँव जलमग्न हो जायेंगे।

अरविन्द : यही नहीं, आदिवासियों से उनकी जगह छीनी जा रही है। उन्हें विस्थापित किया जा रहा है। मुआवज़े में न ज़मीन का पट्टा और न ही रहने को आवास दिया जा रहा है।

मेधा : मैं समझती हूँ कि मुझे तत्काल अपनी पढ़ाई छोड़ देनी चाहिए।

अरविन्द : क्या तुम अपनी पीएच.डी. की पढ़ाई बीच में ही छोड़ दोगी?

मेधा : लगता है मुझे मेरा लक्ष्य मिल गया है। अगर मैं पर्यावरण प्रेमी हूँ तो मुझे पीएच.डी. छोड़नी पड़ेगी।

अरविन्द : तो फिर तुम क्या करोगी?

मेधा : मेरी मंज़िल है नर्मदा अर्थात् नर्मदा बचाओ आन्दोलन की स्थापना करने जा रही हूँ।

अरविन्द : मेधा तुम आयु में अभी कम हो लेकिन मैं जानता हूँ कि दृढ़ निश्चयी महिला हो। मैं तुम्हें शुभकामनाएँ देता हूँ।

दृश्य–2

(भीड़ के बीचों–बीच कुर्सी डाले मेधा पाटकर किसानों, आदिवासियों, महिलाओं, छोटे दुकानदारों की समस्या सुन रही हैं।)

राजमल : पाटकर बहन बदक़िस्मती से हम किसान हैं जिस कारण भगवान और सरकार दोनों हमसे मुँह मोड़ चुके हैं। खेत छिन गये, मकान गिरा दिये, मवेशी चारे को तरस रहे हैं।

दीना बेन : प्रधानमन्त्री पं. जवाहरलाल नेहरू ने इस सरदार सरोवर बाँध परियोजना का 1961 में उद्घाटन किया था। अब पण्डित जी तो रहे नहीं, लेकिन उन्होंने नर्मदा नदी पर किसानों, आदिवासियों को जो भी वादे किये थे, वो आज तक पूरे नहीं हुए।

रत्नेश बाबा : आज मेरी उमर कोई 80 साल की है। मैं और मेरा परिवार का पालन–पोषण दो बीघा ज़मीन से आराम से चल रहा था लेकिन जब से इंजीनियर और ठेकेदारों ने लाल डोरा लगाकर हमें अपने ही खेतों से दूर कर दिया, अब मेरा परिवार कैसे चलेगा मेधा?

मेधा : सभी सम्मानित बुजुर्गो, युवा मित्रो, पुरुष और प्यारे बच्चो और विशेषकर आदिवासियों को मेरा प्रणाम!

मैंने आप लोगों की समस्या पढ़ी थी और आज आमने–सामने सुन भी ली। मैं अपनी पीएच.डी. की पढ़ाई बीच में ही छोड़कर आपके पास आ गयी हूँ। मैं आपको भरोसा दिलाना चाहती हूँ कि न सिर्फ़ मैं आप लोगों के साथ ही रहूँगी और आप लोगों की समस्याएँ, चाहे खेत छिन गये, भवन तोड़े गये, पूरे–पूरे गाँव और क़स्बे उजाड़ डाले गये। अब न छत है न मवेशी। यहाँ तक कि पीने को पानी भी नहीं है। असल में आपकी समस्याओं को समाचार–पत्रों ने ठीक से उजागर नहीं किया और कुछ धुर्त अधिकारियों की पौ–बारह हो गयी।

राजमल : तो पाटकर बहन हम लोग तो पढ़े–लिखे नहीं हैं। साहब लोगों की गाड़ी देखकर भाग जाते हैं। कोई रास्ता निकाल दो नर्मदा किनारे बसे लोगों पर अहसान होगा।

मेधा : पहला काम तो यह करना होगा कि हमें अपनी मालिकाना ज़मीन के सरकारी दस्तावेज़ तहसील से निकालने होंगे। फिर वही काग़ज़ सरकार को दिखाकर अपना मुआवज़ा माँगेंगे, ब्याज सहित। अब हमें मुआवज़े में रहने को घर, पीने को पानी आदि का मुआवज़ा माँगना होगा। और इसके लिए सबसे ज़रूरी है हम सब संगठित रहें। संगठन में बड़ी ताक़त होती है। हमारे संगठन का नाम होगा "नर्मदा बचाओ आन्दोलन"।

दीना बेन : पाटकर बहन तुम शिक्षित हो, योग्य हो और युवा हो। हम किसानों का सहयोग अगर करना चाहती हो तो तुम्हें भी यहीं नर्मदा किनारे हमारे साथ रहना होगा।

मेधा : दीना बेन और आप सबसे मैं वादा करती हूँ कि आज से नर्मदा का यह तट मेरे जीवन का निवास स्थान

बन गया है। मुझे एक सूचना अभी प्राप्त हुई है कि महाराष्ट्र, मध्य प्रदेश, राजस्थान व गुजरात सरकारों के मध्य जल वितरण नीति पर सहमति टूट गयी है। मैं स्पष्ट कर दूँ कि हम 138 मीटर ऊँचे और 1210 मीटर लम्बे इस बाँध का विरोध नहीं कर रहे, बल्कि हमारा मक़सद तो विस्थापितों को भवन व खेत देना, रोज़गार देना, पीने का पानी, सड़क व स्वास्थ्य जैसी समस्याओं को चारों प्रदेश की सरकारें ईमानदारी से आदिवासियों और किसानों का हक अदा करें। मैं अभी और इसी वक़्त आमरण अनशन पर बैठ रही हूँ।

(मेधा व अजय मंच पर लेटकर अनशन शुरु करते हैं। तभी पुलिस के सिपाही आ जाते हैं, दोनों पक्षों में झड़प)

मेधा : 248 गाँव, एक लाख लोग विस्थापित हो गये। 50,000 हेक्टेयर भूमि जलमग्न हो गयी। योजना में भ्रष्टाचार दैत्य बन गया। प्रोजेक्ट नर्मदा घाटी परियोजना के नाम से फिर शुरू हो गया लेकिन सही मायनों में कहा जाय तो हम किसानों और दलितों, आदिवासियों को बचाने और बसाने में काफ़ी पीछे रह गये। नये तरह के भ्रष्टाचारियों ने पुराने साहूकारों का स्थान ले लिया।

"मैं अकेला ही चला था जानिबे मंजिल मगर
लोग साथ आते गये और कारवाँ बनता गया।"

मजरुह सुल्तानपुरी

46

कफ़न

मुंशी प्रेम चन्द
नाट्य रूपान्तर

(मंच पर घिस्सू और माधव, परदे के पीछे माधव की पत्नी बुधिया है। बुधिया प्रसव पीड़ा से लगातार कराह रही है।)

माधव : जो खाया था सब उलटी कर दी। बापू।

घिस्सू : मुझे लगता है बचेगी नहीं, जा उसके पास जाकर बैठ जा।

माधव : उसको मरना है तो मर क्यों नहीं जाती, कितनी बुरी तरह तड़प रही है।

घिस्सू : बड़ा बेदर्द है तू, सालभर जिसके साथ सुख भोगा उसी से बेवफ़ाई!

माधव : मेरे जैसा कामचोर, मतलबपरस्त और हर समय भगवान को कोसने वाला शायद जन्म लेने वाला है।

घिस्सू : देख दूसरों के खेत से लाये आलू भुन गये होंगे।

(दोनों आलू छीलते हुए)

माधव : बापू सौंठ, गुड़, तेल, इन सबका पैसा कहाँ धरा है?

घिस्सू : बच्चा पैदा हो जाये तो ख़ुशी के आँसू बहाना। उनको हमारे दुःख में अपना दुःख नज़र आना चाहिए। तब लोग ख़ुद मदद को आयेंगे।

माधव : अब तो बापू बुधिया का दर्द मुझसे सहा नहीं जा रहा। मर भी जायेगी तो क्या फ़र्क़ पड़ेगा!

(बुधिया के रोने की आवाज बन्द, माधव अन्दर जाके रोता हुआ लौटता है)

बापू बुधिया बच्चा पेट में ही लेकर मर गयी।

घिस्सू : तेरी माँ बड़ी मज़बूत थी माधव। आज 20 साल बाद भी याद आ रही है। काहे 8 बच्चे मरे जन्मे थे उसने, एक तू ही पट्ठा है जो बच गया।

(ठकुराइन का द्वार)

माधव : *(रो–रोकर बोलते हुए)* मर गयी बुधिया, पेट में बच्चा लेकर मर गयी बुधिया। सोचा था, ठकुराइन को दिखाऊँगा लेकिन बच्चा पेट में लेकर मर गयी।

घिस्सू : ठकुराइन बुधिया मर गयी, मेरा लड़का अकेला छोड़ गयी और कफ़न के पैसे भी नहीं हैं। ऊपर वाला हम ग़रीबों को जन्म दे देता है लेकिन तीन गज़ कफ़न नहीं देता।

(अन्दर से ठकुराइन 5 रुपये फेंकती है)

माधव : ठकुराइन तुम महान हो, में ये रुपये तो ले रहा हूँ पूरी उमर तुम्हारे खेत पर काम करूँगा कुछ माँगूँगा नहीं।

घिस्सू : कुछ सुना तुमने ठकुराइन बता रही है कि जहर फैल गया होगा। लेकिन चलो कफ़न चलके ख़रीद लें। लेकिन एक बात बताओ माधव बिचारी बुधिया इतने चिथड़ेदार धोती पहनती थी, अपने तन को तो उसने हाथ से ही छिपाया।

माधव : अरे बापू ग़रीब और चिथड़े का जन्म–जन्म का साथ होता है। लेकिन बुधिया का भाग्य मरने के बाद बहुत अच्छा हो गया। कम–से–कम मरने के बाद कफ़न तो नया मिलेगा।

(मंच पर चक्कर लगाते हुए)

चलो सामने दुकान से कफ़न ख़रीद लो।

(माधव मंच के किनारे कपड़े की दुकान से कफ़न का दाम पूछता है।)

माधव : अरे बापू 3 रुपये अगर इस कफ़न को दे दिये तो बचेगा क्या?

घिस्सू : ठकुराइन जैसा दिल सबके कहाँ है। अरे एक रुपये का होता तब भी लाला मुनाफ़ा न लेता?

माधव : बापू अब लोग कफ़न में भी लूटते हैं। घर के बने कफ़न में इतनी लूट।

घिस्सू : हवा इतनी तेज है पूरा बदन दर्द कर रहा है। सन्नाटा इतना मानो चील देख ली हो। चलो आगे चलते हैं।

(मधुशाला के सामने पहुँच जाते हैं)

क्या क़िस्मत है तेरी बेटा सामने मधुशाला और जेब में 5 रुपये।

माधव : लेकिन ये तो बुधिया के कफ़न के हैं बापू।

घिस्सू : देख माधव इसकी कोई गारंटी नहीं कि बुधिया को कफ़न परलोक में मिलेगा कि नहीं मिलेगा। जब तक यह तय न हो जाये जा दो बोतल तीखी नारंगी ले आ। खाने को कलेजी गुरदा नमकीन।

माधव : बापू दुकान वाला पहले पैसा माँग रहा है। उधार को मना कर रहा है।

घिस्सू : *(जेब से रुपये निकालते हुए)* ले, ले जा जाकर दुकानदार के मुँह पर मार दे।

माधव : लेकिन बापू बुधिया की लाश का क्या होगा?

घिस्सू : पहले तू तीखी नारंगी दो बोतल लेकर आ।

(दोनों पीते हुए)

डर मत दिन निकलने पर बुधिया की लाश फूल जायेगी। बदबू जब उठेगी तब गाँव वालों को ख़ुद उसे कफ़न देना होगा।

47

न्यायाधीश राजा

(राजदरबार में न्यायाधीश राजा आसन पर विराजमान हैं। ज्ञान गुरु कुर्सी पर बैठे हैं और दरबान पुकार लगाता है।)

दरबान : सोहन बनाम मोहन हाजिर हों।

(दोनों का मंच पर प्रवेश, राजा को प्रणाम करते हैं।)

राजा : ज्ञानगुरु क्या विषय है?

ज्ञान गुरु : श्रीमान् न्यायाधीश राजा विषय यह है कि ये सोहन और मोहन दोनों सौतेले भाई हैं। सोहन साधारण विचारों का और बुद्धि का कम है और मोहन जो बड़ा है अक्सर सोहन को प्रताड़ित करने का रास्ता ढूँढ़ता रहता है।

राजा : ज्ञान गुरु इस समय क्या विवाद है?

ज्ञान गुरु : महाराज पिछले वर्ष भी सोहन और मोहन में विवाद हुआ था तब हमारे सुरक्षा सैनिकों ने मामला शान्त कर दिया था। अब आज का विषय सोहन और मोहन स्वयं बतायें।

मोहन : राजा साहब ये ज्येष्ठ माह की बात है। सोहन जो मेरा सौतेला भाई है खेतों से सब्ज़ी तोड़ रहा था, तभी मैंने पूछा कि सोहन आषाढ़ के प्रथम सप्ताह में वर्षा होने की क्या सम्भावना है?

सोहन : वर्षा अवश्य होनी चाहिए क्योंकि पिछले कई वर्षों से वर्षा पूरे आषाढ़ में होती है।

मोहन : इसका मतलब यह हुआ तू यह कह रहा है कि आषाढ़ के प्रथम सप्ताह में भी वर्षा होगी।

सोहन : बड़े भैया मोहन मैं यही कह रहा हूँ।

मोहन : अच्छा वर्षा न हुई तब?

सोहन : मोहन भैया मैं तो छोटा भाई हूँ और आप ज्ञानी भी हैं। यह आने वाला सत्य है कि आषाढ़ के प्रथम सप्ताह में वर्षा अवश्य होगी, कोई सन्देह नहीं।

मोहन : मैंने सोहन से कहा लगी शर्त।

सोहन : मैंने कहा हाँ भैया।

मोहन : मान लो सोहन अगर वर्षा नहीं हुई तब क्या होगा?

सोहन : मोहन भैया अगर वर्षा नहीं हुई तो तुम चाहो तो भरे दरबार में मुझे 50 कोड़े मारना।

ज्ञान गुरु : तब महाराज ज्येष्ठ के माह में तापमान ज़्यादा गरम था, जिसका परिणाम इस चालाक मोहन ने समझ लिया फिर आषाढ़ के प्रथम सप्ताह में वर्षा नहीं हुई।

सोहन : अब जीत में अर्जित अधिकार का प्रयोग कर अपने सौतेले भाई को कोड़े मारना चाहता है।

राजा : मैंने तुम दोनों का वाद–विवाद सुना। सोहन क्या तुम कोड़े खाने के लिए सहमत हो?

सोहन : जी न्यायाधीश राजा, मैं मोहन भैया के कोड़े खाने को तैयार हूँ लेकिन आप न्यायाधीश राजा के नाम से राष्ट्र में प्रसिद्ध हैं। आप ही मुझे बचा सकते हैं।

राजा : अच्छा तो मोहन तुम शर्त जीत गये। तुम्हें 50 कोड़े मारने हैं। अब मेरा आदेश यह है कि मोहन तुम 50 कोड़े मारो लेकिन सोहन को दर्द न हो। क्योंकि तुमने कोड़े मारने की ही शर्त रखी है।

(सोहन ज़ोर से चिल्लाता है न्यायाधीश राजा की जय हो)

48

जूलियस सीज़र

(नाटककार विलयन शैकपीयर)

दृश्य–1

(जूलियस सीज़र का घर)

ब्रुट्स : मेरे प्यारे रोम वासियों आज आप लोग मुझे जूलियस सीज़र के घर देखकर अचरज कर रहे होंगे, जिसका कारण आज तक आप लोगों से गुप्त रखा गया था कि रोम की सीनेट ने जूलियस सीज़र को आज के दिन क्राउन पहनाने के लिए तय किया है।

(मंच के दूसरे भाग में ब्रुट्स और जूलियस सीज़र की भेंट होती है)

जूलियस तुम चलने के लिए तैयार हो ना!

जूलियस : नहीं, आज मेरा जाने का कोई इरादा नहीं है।

ब्रुट्स : क्या युद्ध की थकान अभी ख़त्म नहीं हुई या कोई और बात है।

जूलियस : नहीं बात, कुछ अलग है। मेरी पत्नी ने सपने में देखा है कि मैं स्टेचू बन गया हूँ और मुझमें

कई छेद हैं उनमें से ख़ून बह रहा है। इसलिए सीनेट से कह दो मैं आज नहीं आऊँगा।

ब्रुट्स : इस सपने का ग़लत अर्थ मत निकालो, ये तो रोम की जनता के हित में है। तुम उन पर उपकार कर रहे हो। सीनेट को आज क्राउन पहनाना है। कहीं ऐसा न हो सीनेट किसी और को क्राउन पहना दे।

जूलियस : हाँ, हो सकता है मैंने ऐसा सोचा क्यों नहीं, चलो मैं चलता हूँ।

(दोनों निकल पड़ते हैं। रास्ते में सारे षड़यन्त्रकारी जुड़ जाते हैं। जूलियस सबसे गले मिलकर ख़ुश हो जाता है।)

(कैसका स्थान से पीछे हटकर अपनी तलवार से जूलियस पर पहला वार करता है। फिर एक–एक कर सभी प्रहार करते हैं। अन्त में ब्रुट्स के इशारे पर ट्रीबोनस एंटोनी को बातों में लगाकर मंच के दूसरे कोने पर ले जाता है। फिर ब्रुट्स भी तलवार धँसा देता है। यह देखकर)

जूलियस : ब्रूट्स तुम भी, अब तो मुझे मर ही जाना चाहिए।

(जूलियस की लाश पड़ी है, एंटोनी की वापसी)

एंटोनी : मैं समझ गया इन लोगों ने मिलकर जूलियस को मार दिया।

(ख़ून से सनी तलवार जिसने जूलियस महान की इस तलवार से हत्या की है, उनसे कहो मुझे भी मार दें।)

ब्रुट्स : नहीं, हम तुम्हें नहीं मारेंगे। तुम हमें बहुत ग़लत समझ रहे हो। जब तुम्हें इस हत्या के फ़ैसले

का कारण समझ आयेगा तो तुम भी हमारे साथ हो जाओगे।

एंटोनी : मैं जूलियस को दफनाते वक़्त एक भाषण देना चाहता हूँ।

ब्रुट्स : लेकिन मेरी एक शर्त है? पहले मैं भाषण दूँगा जिससे मैं जूलियस की हत्या को रोम और रोमन के हित में समझाऊँगा। और तुम अपने भाषण में मेरे सम्मान में बोलोगे। भूल से भी हमारे ख़िलाफ़ मत बोलना।

दृश्य–2

(जूलियस का फ्यूनरल, कौफेन बॉक्स रखा है)

ब्रुट्स : जितना प्रेम आप जूलियस से करते हैं उससे ज़्यादा मैं प्रेम करता हूँ। लेकिन उससे भी ज़्यादा मैं अपने महान देश रोम से करता हूँ। क्या तुम लोग जूलियस के गुलाम बनकर रहना पसन्द करते? या फिर जूलियस को मारकर रोमकी आज़ादी देखना चाहते। जूलियस को मारने का मुझे भी ग़म है। लेकिन जूलियस की महत्त्वाकांक्षा के कारण उसे मारना ज़रूरी हो गया था। मुझे रोम और रोमन दोनों प्रिय है। बस हत्या का यही कारण था।

(जनता ब्रुट्स के नारे लगाते हुए मारकस ब्रुट्स ज़िन्दाबाद, रोम ज़िन्दाबाद, ब्रुट्स जाते हुए और एंटोनी मंच पर आते हुए)

एंटोनी : मेरे रोमन भाइयो, जूलियस ने बहुत–सी जंग रोम के लिए लड़ीं, बहुत–सा धन जीता, जो रोमनवासियों में बाँटा गया। अगर जूलियस महत्त्वाकांक्षी होता तो क्या ऐसा करता? ग़रीब रोते तो सीज़र भी रोता।

मैंने तीन बार सीज़र को सीनेट के कहने पर क्राउन पेश किया लेकिन उसने ठुकरा दिया। वह कहता था मैं तो योद्धा हूँ। क्राउन पहनकर क्या करूँगा?

(एक काग़ज जेब से निकालता है)

ये सीज़र की वसीयत है। हर रोमवासी को 75 सिलवर कॉइन दिये जायें और उसके बगीचे भी आप लोगों के नाम कर दिये हैं।

(जनता जूलियस के नारे लगाते हुए, ब्रुट्स की तरफ़ बढ़ती है। जान का ख़तरा देख ब्रुट्स आत्महत्या कर लेता है।)

49

अब तक (रजक शर्मा शो) काल्पनिक

(अब शुरू होने जा रहा है देश का सबसे बड़ा मुक़दमा, रजक शर्मा के साथ)

रजक शर्मा : आज की अदालत में आज कुछ नया देखने को मिलेगा। आज की अदालत काल्पनिक है जहाँ मैं राष्ट्रपिता महात्मा गाँधी को कठघरे में बुलाऊँगा।

(गाँधी जी आकर बैठ जाते हैं)

आज के इस शो में हमारे जज हैं देश के महान स्वतन्त्रता सेनानी माननीय गोपाल कृष्ण गोखले। इससे पहले कि हम अपने बापू राष्ट्रपिता गाँधी जी से प्रश्न पूछें, इससे पहले मैं बापू से आशीर्वाद लेता हूँ।

(रजक शर्मा गाँधी जी से आशीर्वाद लेते हुए)

अब मैं महात्मा गाँधी जी पर मुक़दमा चलाने के लिए हमारे जज गोपाल कृष्ण गोखले जी से इजाज़त चाहता हूँ।

(गोखले जी लकड़ी के हथौड़े से टेबिल पीटते हैं।)

गोखले : इजाज़त है।

रजक शर्मा : बापू पता चला है आप कुछ महीनों से स्वर्ग में नहीं थे, इन दिनों आप कहाँ थे?

गाँधी जी : उन दिनों मैं नर्क में गया था।

रजक : बापू कोई ख़ास वजह!

गाँधी जी : असल में कुछ हमारे साथी ग़लती से नर्क भेज दिये गये थे, मैं उनकी पैरवी करने गया था। अब वो स्वर्ग आ गये हैं।

रजक : क्या बापू आप उन लोगों के नाम बता सकते हैं।

गाँधी जी : इस समय तो मुझे याद नहीं लेकिन अगर स्वर्ग आओगे तो मिला दूँगा।

रजक : रहने दीजिए, मैं अगला सवाल पूछता हूँ। एक सन्तो बेन थी जो आपके पास अपने छोटे बेटे को लेकर आयी थीं। उसने आपको बताया कि मेरा लड़का गुड़ खाता है इसकी आदत अच्छी नहीं है। तब आपके द्वारा उसे तीन महीने बाद बुलाने की क्या वजह थी?

गाँधी जी : हाँ रजक याद आया साबरमती आश्रम में भरी दुपहरिया सन्तो बेन आयी थी। अपने लड़के को लेकर तो मैंने इसे तीन महीने बाद बुलाया था।

रजक : फिर क्या हुआ?

गाँधी जी : मैंने इसके लड़के से कहा बेटे गुड़ मत खाया करो, गुड़ खाने की आदत अच्छी नहीं होती है। तुम्हारी माँ ठीक कहती है।

रजक : इतनी बात कहने के लिए आपने सन्तो बेन को तीन महीने बाद क्यों बुलाया? उसे तभी बता देते।

गाँधी जी : इसमें बात यह थी कि मैं ख़ुद गुड़ खाने का आदी था, पहले मैंने अपनी इस बुराई को तीन महीने में दूर किया। इसलिए सन्तो बेन को तीन महीने का समय दिया था।

रजक : दलितों के विषय में कहा जाता है कि आप बी. आर. अम्बेडकर को अपने पक्ष में नहीं कर पाये, क्या आपत्तियाँ थीं?

गाँधी जी : मैंने अम्बेडकर और दलितों को कभी अपने से अलग नहीं समझा। पूना पैक्ट जो यरवदा जेल में हुआ, मेरे और अम्बेडकर के मध्य उसमें अम्बेडकर जी की हृदय से सहमति नहीं थी। उन पर दबाव डाला गया। देश के हालात अच्छे नहीं थे। तभी आँखों में आँसू लिये अम्बेडकर ने हस्ताक्षर किये। मैंने तो प्लेग के समय अछूतों की बस्तियों में जाकर पैखाना साफ़ करने की मुहिम चलाई। तब अम्बेडकर मेरे पक्ष में हों न हों, लेकिन अब मेरे साथ एक ही कक्ष में रहते हैं।

(जनता से सवाल)

व्यक्ति–1 : बापू आज आपको साक्षात् देखकर मैं कभी मुस्कुरा रहा हूँ तो कभी आँसू बह रहे हैं। आप यह बतायें कि हम नौजवानों को क्या करना चाहिए?

गाँधी जी : तब सत्ता अंग्रेज़ों के पास थी, अब खद्दरधारी नेताओं के पास है। मैं तुम लोगों से सिर्फ़ यह कहूँगा कि संविधान सर्वश्रेष्ठ है। किसी भी राजनीतिक पार्टी या उसके नेता से भी यही बात चाणक्य ने अपने अर्थशास्त्र में भी कही है।

(तालियाँ)

व्यक्ति–2 : आपके हिसाब से बापू भारत किस धर्म विशेष की सम्पत्ति है?

गाँधी जी : देखो आज़ादी के बाद 545 छोटे–बड़े राजाओं का भारत में विलय हुआ और अम्बेडकर जी की अध्यक्षता में संविधान लागू हुआ। अब देश संविधान से चलेगा, जनता अपना धर्म और अपनी भाषाएँ, सभी भारत में निहित है।

रजक : आप पर आरोप है कि आप नेहरूजी का पक्ष ज़्यादा लेते थे?

गाँधी जी : मैं यह अवश्य कहूँगा कि हम वकीलों के समूह में वो सबसे कम उम्र के योग्य और जुझारू थे लेकिन कांग्रेस के लोगों ने मेरी यह बात नहीं मानी कि देश आज़ाद होते ही कांग्रेस का उद्देश्य पूर्ण हुआ और कांग्रेस भंग हो जानी चाहिए थी।

रजक : सुना है बापू आप इतने नाराज़ थे कि 15 अगस्त 1947 को जब लाल किले से यूनियन जैक उतारकर तिरंगा फहराया गया, उस अद्वितीय समारोह में किस कारण आप उपस्थित नहीं थे?

गाँधी जी : रजक शर्मा लगता है आप इतिहास पढ़ते नहीं हैं, मैं पश्चिम बंगाल के जातीय दंगों को रोकने के लिए नोनाखली बंगाल में भूख हड़ताल पर था। तब जाकर वहाँ लोगों ने हथियार डाले और नेहरूजी ने मेरा अनशन तुड़वाया। याद करो तब माउंटबेटन ने मुझे वन मैन आर्मी कहा था।

(तालियाँ)

रजक : सुनते हैं आपके मन में अंग्रेज़ों के प्रति मोह था?

गाँधी जी : यह आरोप है तो बिल्कुल सही है। यहाँ तक कि कई अंग्रेज़ मेरे मित्र भी थे। वो तो बस लन्दन से आये क़ानून को मानते थे। मेरी लड़ाई उनके ग़ैरक़ानूनी कार्यों और लालच से थी। व्यक्तिगत तौर पर किसी से घृणा नहीं करता था।

रजक : आप पर आरोप है कि आपने भगत सिंह को फाँसी से नहीं बचाया?

गाँधी जी : मैंने पूरा जीवन हिंसा के विरोध में अहिंसा पर गुज़ारा है। वैसे भी भगत सिंह को जब फाँसी की सज़ा हुई उस समय मैं पूना के यरवदा जेल में था। ना ही मैंने कभी स्वयं अपने को बचाने की कोशिश की, मेरा मानना है कि अगर जुर्म किया है तो उसकी सज़ा

भी भुगतने को तैयार रहें। याद करिये चौरी–चौरा काण्ड के बाद मैंने अपना असहयोग आन्दोलन वापस ले लिया था। फिर मेरे और इरविन के मध्य समझौता हो रहा था, उस समझौते से 90,000 क्रान्तिकारी जेल में छोड़े गये लेकिन उनकी भी एक शर्त मुझे माननी पड़ी कि हिंसा में लिप्त क़ैदी नहीं छोड़े जायेंगे।

रजक : गाँधी जी आप पर आख़िरी आरोप यह है कि भगत सिंह की फाँसी, पूर्ण स्वराज और कांग्रेस अध्यक्ष 1939 के चुनाव में आपके प्रत्याशी की हार का प्रमाण है कि नेताजी सुभाष चन्द्र बोस और आपके मध्य रिश्ते ठीक नहीं थे।

गाँधी जी : मैं पिछले आरोप के उत्तर में भगत सिंह का ज़िक्र कर चुका हूँ। चुनाव में एक पक्ष जीतता और दूसरा हारता है। आज़ाद हिन्द फ़ौज हिंसा का जवाब हिंसा से देना चाहती थी, जिसके लिए मैं आज भी सहमत नहीं हूँ। रही बात मेरे और बोस के सम्बन्ध के विषय में, तो सुभाष चन्द्र बोस के सीलोन रेडियो से आख़िरी सम्बोधन में उन्होंने मेरे प्रति सम्मान दिखाया था और मुझसे समर्थन भी माँगा था।

50

राष्ट्रपति ए.पी.जे. अब्दुल कलाम

(मिसाइल मैन)

जन्म : अक्टूबर 15, 1931, रामेश्वरम्
देहान्त : जुलाई 27, 2015, शिल्लौंग

दृश्य–1

(रामेश्वरम् के एक स्कूल का एक दृश्य, मंच पर प्रिंसिपल, दो अध्यापक बैठे हैं। एक अध्यापक खड़े होकर भाषण देते हैं।)

अध्यापक : माननीय प्रिंसिपल साहब, मेरे अध्यापक मित्र व प्यारे बच्चे कोई तीन माह पहले मैंने एक छात्र को अपनी चलती हुई कक्षा के अन्दर से निकल कर दूसरी कक्षा में उसे जाते हुए देखकर मैंने उसे रोका और उसकी भूल पर 8–10 संटियाँ दे मारीं। फिर वो पुनः अपनी कक्षा में चला गया। इस तरह का बर्ताव मैंने कोई पहली बार नहीं किया था लेकिन मुझे यह नहीं मालूम था कि वही छात्र मुझे इसका जवाब देगा। मैं ए.पी.जे. अब्दुल कलाम को यहाँ मंच पर बुलाना चाहता हूँ।

(अब्दुल कलाम उठकर टीचर के पास जाते हैं।)

आप सोच रहे होंगे ये माजरा क्या है? माजरा यह है कि मैं गणित पढ़ाता हूँ और 10 शंटियों के बदले इस लड़के का मुझे जवाब देने का अन्दाज यह है कि गणित में ये 100 में से 100 नम्बर लाता है। तुम लोग याद रखना, मेरी इस भविष्यवाणी को कि यह लड़का बड़ा होकर एक बहुत बड़ा इन्सान बनेगा और रामेश्वरम् का नाम देश दुनिया में फैलायेगा।

(ज़ोरदार तालियाँ)

दृश्य–2

(इसरो के मुख्यालय पर एस.एन.वी–III लॉन्च करने की तैयारी में कलाम टीम के साथ काम में व्यस्त, वैज्ञानिक साराभाई का प्रवेश, दोनों हाथ मिलाते हैं।)

साराभाई : देखा कलाम, जब प्रधानमन्त्री इन्दिरा गॉधी ने इसरो से एस.एल.वी.–III की बात की थी, तभी तुम्हें प्रोजेक्ट डायरेक्टर बनाकर यहाँ भेजा था।

कलाम : सर उलटी गिनती शुरू हो गयी है– 9, 8, 7, 6, 5, 4, 3, 2, 1 Go देखिये सर, भारत का पहला एस.एल. वी.–III लॉन्च हो गया है।

(दोनों गले मिलते हैं।)

साराभाई : कलाम तुम देश के विजेता वैज्ञानिक बन गये हो।

कलाम : सर ये आपकी Good wishes और Analysis है। मेरी पूरी एस.एल.वी.–III टीम और देश भी आपको मेरी तरह अपना आदर्श मानता है।

साराभाई : मुझे पूरी उम्मीद है जैसे तुमने इंडियन आर्मी के लिए एक छोटा हैलिकॉप्टर बनाया था, उसी तरह रोहिणी उपग्रह को पृथ्वी के कक्ष में स्थापित करना होगा।

(साराभाई का मंच से प्रस्थान, कलाम जनता से बात कर रहे हैं।)

कलाम : हम वसुधैव कुटुम्बकम् की राह पर चलने वाले राष्ट्र हैं। पर हमारा पड़ोसी राष्ट्र स्वयं को अत्याधुनिक हथियारों से लैस कर रहा है। इसलिए हमें भी अपनी सुरक्षा और मारक क्षमता पर ध्यान देना होगा। ये जो मिसाइलें अग्नि, पृथ्वी और त्रिशूल की लागत 8 करोड़ और विस्फोटक हानि 10 गुने से ज़्यादा है।

दृश्य–3

(कलाम साहब रिटायरमेंट की बाद चेन्नई के एक यूनिवर्सिटी में पढ़ाने का काम कर रहे थे। तभी सूचना मिली केन्द्र तुरन्त ए.पी.जे. कलाम से सम्पर्क करना चाहता है। प्रधानमन्त्री अटल बिहारी वाजपेयी जी ने कलाम को बताया कि हमारी पार्टी आपको राष्ट्रपति पद पर बिठाना चाहती है।)

कलाम : *(भारतरत्न तक तो दे दिया आपने, मैं एक घण्टे में आपको जवाब देता हूँ)।*

(एक स्कूल में राष्ट्रपति ए.पी.जे. अब्दुल कलाम)

छात्र–1 : असफलता को कैसे सँभाला जाय?

कलाम : हमें पहले किसी भी असफलता का कारण समझना होगा, तभी हम असफलता पर विजय पा सकेंगे।

छात्र–2 : रचनात्मक कार्य सोचने को बाध्य करता है?

कलाम : आपके मन में उठा वह प्रश्न जो रचनात्मक है उसे समझने के लिए हमें बहुत विचार करना होगा।

छात्र–3 : किस प्रकार हम नौजवान अपने जीवन को सफल बना सकते हैं?

कलाम : 1. महान लक्ष्य, 2. लगातार ज्ञान का विस्तार करो, 3. कठिन परिश्रम और 4. बार–बार उसी काम को करना जब तक परफेक्शन न हो जाये।

(अब्दुल कलाम माइक पर बोलते–बोलते अचानक सामने वाली टेबल पर गिर जाते हैं।)

(ए.पी.जे. अब्दुल कलाम का निधन)

■■■